Hexenfeste

im Jahreskreis

THEA

Hexenfeste
im Jahreskreis

unter Mitarbeit von
Susanne Görke und Gabrielé

LUDWIG

Inhalt

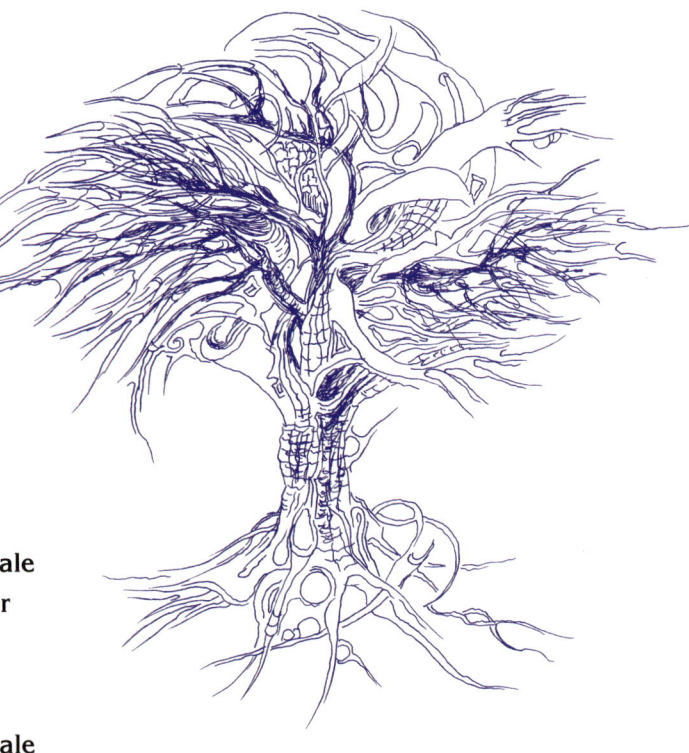

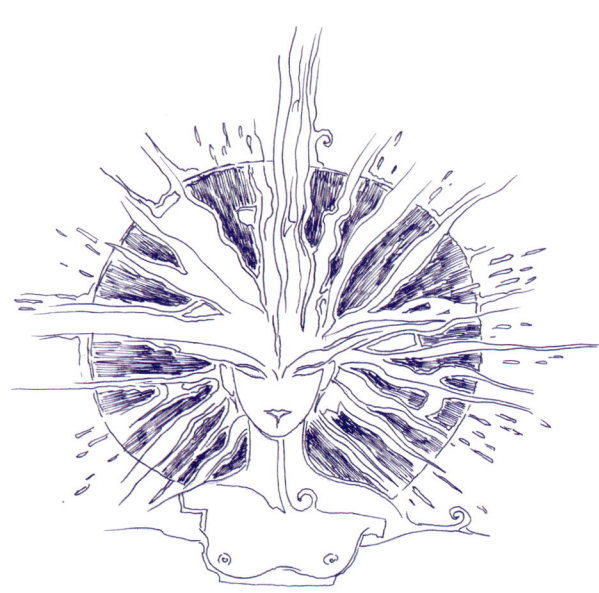

Vorwort

Liebe Leser, liebe Freunde!

Thea ist eine initiierte Wicca-Priesterin und praktiziert ausschließlich weiße Magie – den Zauber für das Gute.

In vielen meiner zahlreichen Leserzuschriften werde ich immer wieder gefragt: Wie werde ich eine Hexe, oder was ist der wahre Weg zur Magie? Nun, mein Erfahrungsweg hat mir gezeigt und zeigt mir immer noch, dass die Zeit des Lernens eigentlich nie aufhört, nur die Umsetzung und die Praxis wird erfahrener und weiser! Richtig gesehen bedeutet das, dass uns immer wieder Menschen begegnen, die uns Wissen oder Hilfestellung vermitteln können, woraus wir dann wieder lernen und dadurch weiterkommen. Diese Menschen sind uns vorbestimmt und eine Zeit lang auch ein Wegbegleiter, d. h., jeder bekommt das, was er gerade braucht und was er auch bis zu diesem Zeitpunkt vertragen kann. Nichts in Ihrem Leben ist umsonst, und alles hat einen Sinn! Sie müssen es nur erkennen.

Ich will Ihnen damit nur sagen, dass man nicht suchend und verbissen umherirren muss, sondern in Liebe erwarten sollte, was einem vorbestimmt ist. Es fällt einem zu, gerade dann, wenn man darum bittet und an sich glaubt. Viele sehen aber nicht die Zeichen, die häufig ein Vorbote der gewünschten Ziele sind. Seien Sie deshalb offen für alles und bereit, immer wieder dazuzulernen und zu erfahren! Seien Sie auch tolerant zu sich selbst und zu den anderen, denn gut Ding will immer Weile haben! Viel zu schnell neigen wir dazu zu verurteilen, wenn es für uns unverständlich und unbequem wird. Wir laufen dann Gefahr, zu fanatisch und dogmatisch zu werden, und, Hand aufs Herz, wer hat schon das absolute Wissen, und wo finden wir es? Seien Sie offen für alles und bereit, in Liebe zu empfangen. Achten Sie auch besonders auf die Art und Weise, wie Sie die Dinge sehen, beurteilen und sie weitergeben, denn allzu schnell könnten Missverständnisse entstehen, und die Ereignisse könnten sich gegen Sie selbst wenden!

Hierzu möchte ich Ihnen eine kleine Geschichte erzählen, damit Sie erkennen, wie verschieden die Dinge weitergegeben werden können und welche Konsequenzen für jeden Einzelnen daraus entstehen können:

Es war einmal ein großer Herrscher, der regierte fern im Morgenland – der berühmte Harun al Raschid.

Eines Nachts nun hatte er einen merkwürdigen Traum, den er sich nicht erklären konnte. Es seien ihm alle Zähne aus dem Mund gefallen, hatte ihm geträumt. Am Morgen schickte er sofort nach seinem Hoftraumdeuter und ließ ihn vor seinen Thron zitieren. Eilenden Schrittes kam der kleine Mann und hörte sich den Bericht des mächtigen Herrschers an. »Herr aller Gläubigen, der Prophet möge dich beschützen, aber du hast nichts Gutes geträumt. Jeder Zahn, der dir im Traum aus dem Mund gefallen ist, bedeutet für dich den Verlust einer Lieblingsfrau noch in diesem Jahr.« Entsetzt fuhr der enttäuschte Gebieter auf: »Gebt diesem unverschämten Kerl, diesem Stümper von Hoftraumdeuter sofort hundert Stockschläge. Und dass du mir nicht mehr vors Angesicht kommst, das rate ich dir. Ich will dich nie wieder sehen.« Ein Leibsklave wurde ausgeschickt, er möge einen anderen Traumdeuter aus der Stadt herbeiholen. Schnell verbreitete sich das Gerücht von dem fatalen Traum des Mächtigen in der Stadt unter den Einwohnern; so

Wicca ist eine uralte Naturreligion, die Religion der Hexen. Das Credo des Wicca-Kults lautet: ›Tue, was du willst, aber schade niemandem!‹

»Wohin gehe ich? Was ist der Sinn des Lebens?« Das sind Fragen, die uns zeitlebens beschäftigen.

Gelassenheit ist der Schlüssel, um das Leben erfüllter genießen zu können.

Der Wicca-Kult praktiziert eine sehr enge Verbundenheit mit der Natur. Wir haben heute vergessen, dass der Ursprung des Göttlichen in der Natur liegt.

schnell, dass der Leibsklave keinen Astrologen mehr in seinem Hause antraf. Angst befiel den Boten, weil ihm Eile befohlen war. So suchte er zuletzt in den Hütten der Stadtmauer einen alten Mann auf, der ihm selbst schon oft einen guten Rat gegeben hatte. Lächelnd trippelte der Alte vor dem Thron des Gebieters, ließ sich den Traum von den verlorenen Zähnen erzählen und antwortete: »Alle mögen dein Glück preisen, du mächtiger Herrscher. Der Traum bedeutet, dass du alle deine Frauen überleben wirst!« Da lächelte auch der Kalif befriedigt und ließ dem klugen Alten von seinem Schatzmeister hundert Goldstücke auszahlen.

Der Leibsklave begleitete ihn dann wieder durch den Palast vors Tor: »Du bist wohl ein sehr weiser Mann, mein Freund. Aber sage mir doch, wie ich das verstehen soll. Im Grunde genommen hast du doch nichts anderes gesagt als der andere. Den aber hat der Kalif bestrafen lassen, während du beschenkt wurdest.« Da legte ihm der Alte lächelnd seine Hand auf die Schulter: »Selbstverständlich habe ich das Gleiche gesagt. Aber merke dir: Man kann alles sagen. Es kommt dabei immer nur darauf an, wie man es sagt!«

Sie sehen, liebe Leser, liebe Freunde, der Hoftraumdeuter hätte sich viel Ärger ersparen können.

Daher glaube ich, dass die Wahrheit, die für den einen richtig ist, nicht unbedingt für den anderen, oder etwa alle, passend ist! Liebe, Glaube, Toleranz und Respekt – das sind die Dinge, die ich vor allem für wichtig halte!

Begleiten Sie mich nun durch ein spannendes und vielseitiges Hexenjahr mit all seinen Festen, Höhepunkten und viel Wissenswertem. Sehen Sie jeden einzelnen Monat in einem ganz neuen Licht. Verändern Sie die Dinge, sich selbst und Ihr Leben. Ändern Sie Ihren Blickwinkel, und alles ist auf einmal neu und verheißungsvoll. Nehmen Sie sich Zeit. Gönnen Sie sich ein ganzes Jahr, um durch Anregungen für Ihren Körper, Ihren Geist und Ihre Seele am Ende der Reise festzustellen, dass Sie Ihr Ziel erreicht haben.

Unterstützt werden Sie dabei von dem, was die Natur jeden Monat zu bieten hat, von sanft wirkenden Bachblüten, harmonisierenden Edelsteinen und duftenden Pflanzen, Kräutern und Aromaölen, die Sie mit ihrer ganz speziellen Energie und Schwingung bei Ihrer persönlichen Entwicklung begleiten. Sie können sich auch für jeden Monat eine Affirmation überlegen und diese immer wieder ruhig und bewusst im Geiste wiederholen.

Die Edelsteine können Sie bei sich tragen, auf den Körper auflegen oder auch in Form von Edelsteinwasser, Kräutertees usw. zu sich nehmen. Dazu legen Sie den betreffenden Stein einfach in ein Gefäß mit Wasser und stellen dieses, abhängig davon, wie der Stein wirken soll, in die Sonne oder nachts ins Mondlicht. Nach ein paar Stunden können Sie dieses Wasser trinken, es Ihrem Badewasser hinzufügen oder auch als Grundlage des gerade aktuellen Thea Monatsdrinks verwenden, den ich Ihnen ebenfalls vorstelle.

Vielleicht fallen Ihnen auch noch andere schöne Dinge ein. Ob passende Musik, Kochrezepte mit den heimischen Produkten der Saison, Gedichte oder Literatur, Farbbehandlungen oder was auch immer Sie inspiriert und Sie fröhlich stimmt. Machen Sie die kommenden zwölf Monate und die dazugehörigen Feste zu Ihrer ganz eigenen Entdeckungsfahrt.

Io Evo! He!
Blessed be!

In Licht und Liebe
Ihre Thea

> Rituale und Feste sind ein fester Bestandteil des Wicca-Kults. Sie ziehen sich durch das ganze Jahr, viele werden zum Andenken an antike Göttinnen und Götter gefeiert.

Januar

Dieser Monat ist benannt nach dem römischen Gott Janus. Ein neues Jahr hat begonnen, zumindest nach unserer offiziellen Zeitrechnung. Gute Vorsätze werden gefasst und neue Pläne geschmiedet – der große Neubeginn steht bevor. Draußen herrschen Dunkelheit und Kälte, und wie die Tiere in den Höhlen halten auch wir eine Art Winterschlaf und gehen nur wenig hinaus.

Der Gott Janus hatte zwei Gesichter. Noch heute spricht man von ›janusköpfig‹, wenn etwas oder jemand zwei verschiedene, einander kontrastierende Seiten aufweist.

Ritual – die Reinigung der Türschwelle

Beginnen Sie das neue Jahr mit einem kleinen Ritus, dem Reinigen der Türschwelle. Sie symbolisiert jeden Tag den Schritt hinaus aus der vertrauten und sicheren Umgebung in die Welt, in der uns so viel Unbekanntes erwartet. So wie der erste Tag eines neuen Jahres mit all seinen kommenden Ereignissen. Halten Sie daher Türschwelle und Haustür stets sauber, und beseitigen Sie mögliche Stolperfallen. Nach der Reinigung mit Salzwasser reiben Sie die Haustür mit etwas Olivenöl ab, in dem Sie einige Tage lang vor der Verwendung Salbei und Rosmarin haben ziehen lassen. Sehr schön sehen auch Kränze aus, die Sie ebenfalls je nach Jahreszeit schmücken können. Sie können auch dem Wasser, mit dem Sie Ihre Fenster putzen, jeweils ein paar Tropfen Salbei- oder Rosmarinöl beifügen oder getrocknete oder frische Kräuter in das Wasser legen.

Feierlich neu beginnen

Das Fest Ihres ganz persönlichen Neubeginns können Sie an einem Sonntag Anfang Januar feiern. Zuvor reinigen und entrümpeln Sie Ihr Zuhause gründlich. Denn es kann nur etwas Neues in Ihr Leben treten, wenn Sie das Alte und Belastende losgeworden sind. Sie können das Fest für sich allein, mit der Familie oder mit Freunden feiern. Natürlich wäre es gut, wenn die anderen Gäste auch fleißig geputzt und ausgemistet haben. Nehmen Sie am Morgen ein Bad mit Kamille – symbolisch für den neuen

11

Zu einem feierlichen Jahresbeginn gehört ein festlich geschmückter Tisch mit weißen Blumen.

Winter bedeutet auch Neuanfang – die Tage werden länger, auch wenn es noch nicht spürbar ist. Sprechen Sie mit Freunden über Ihre Pläne für das neue Jahr.

Anfang, der mit viel Glück verbunden sein wird. Nach Ihrem Bad bereiten Sie dann das Festmahl zu.

Die Gerichte sollten die folgenden Zutaten enthalten: ein Eintopf aus Wintergemüse wie Rosenkohl, Porree, Kartoffeln, Möhren; als Dessert ein Kompott aus Äpfeln und Birnen, mit Sahne serviert und mit gehackten Pistazien bestreut. Backen Sie für den Nachmittag einen Gewürzkuchen mit Nüssen und Honig, und bieten Sie neben Kaffee auch Pfefferminztee an. Schmücken Sie die Tafel mit weißen Blumen.

Jeder Gast bringt eine Liste mit seinen Plänen fürs neue Jahr mit. Sie können dann nach dem Mittagessen bei einem Tässchen Kaffee und ein paar Nüssen in Schokolade über Ihre Wünsche und Pläne für das kommende Jahr, das so ganz neu vor Ihnen allen liegt, sprechen. Vielleicht haben ja einige von Ihnen dasselbe vor, und Sie könnten sich für das eine oder andere Projekt zusammentun.

Unternehmen Sie dann alle gemeinsam einen Spaziergang in der Natur, wenn möglich zu einem fließenden Gewässer. Diesem vertraut dann jeder von Ihnen seinen Wunschzettel an und hofft, dass es die Wünsche mitnehme und alles wahr werden lasse. Anschließend haben Sie nun allen Grund, sich auf den köstlichen Kuchen zu freuen, der zu Hause wartet.

Was Sie persönlich tun können!

Ein neues Jahr beginnt. Noch liegt es vor Ihnen wie das unbeschriebene erste Blatt eines Buches. Haben Sie schon konkrete Ideen, oder ist die Vorstellung davon, was Sie dieses Jahr erreichen wollen, eher vage? Beginnen Sie es in dem Wissen, das Sie alles schaffen können, wenn Sie nur wirklich bereit dazu sind, etwas zu riskieren, sich auf unbekanntes Terrain zu wagen und wirklich engagiert auf ein Ziel hinzuarbeiten. Dafür brauchen Sie eine gehörige Portion Selbstbewusstsein und Selbstvertrauen. Arbeiten Sie in diesem Monat daran.

Lange Januarnächte bieten Gelegenheit, über das kommende Jahr nachzudenken – was Sie sich von ihm wünschen und erhoffen.

◎ Stellen Sie eine Liste auf, zuerst mit allen Dingen und Eigenschaften, die Sie an sich mögen, und danach all Ihre (oft vermeintlichen) Fehler. Haben Sie eine gute Freundin, mit der Sie eine solche Liste durchgehen können? Vielleicht macht Sie ja mit. Überlegen Sie: Was wäre anders, wenn es diese Unzulänglichkeiten nicht gäbe? Dadurch können Sie feststellen, wo Sie sich wirklich selbst im Wege stehen.

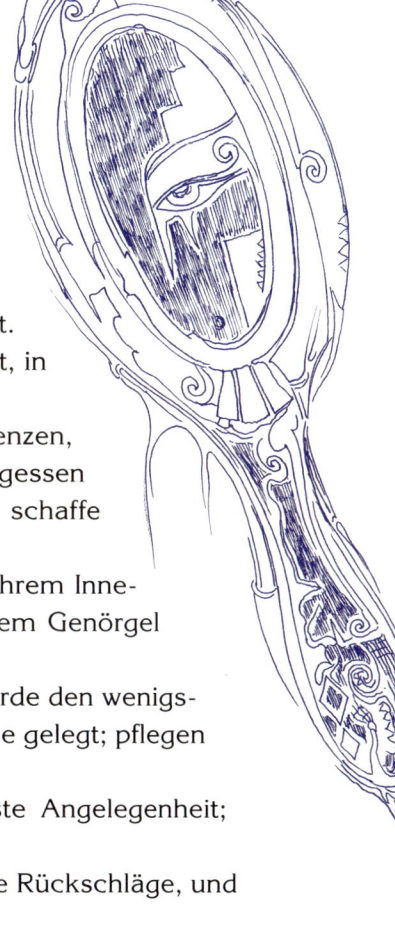

◎ Schieben Sie nichts mehr auf. Natürlich brauchen Sie Pläne und Ziele für die Zukunft. Aber die beginnt nicht irgendwann, sondern jetzt, in diesem Moment.

◎ Riskieren Sie etwas, überschreiten Sie die Grenzen, innerhalb derer Sie sich wohl fühlen, und vergessen Sie Einwände wie »Ich kann nicht« und »Das schaffe ich nie«.

◎ Hören Sie nicht auf diese lästige Stimme in Ihrem Inneren, die Sie ständig kritisiert und Ihnen mit ihrem Genörgel jeden Mut raubt.

◎ Gutes Aussehen macht selbstbewusst und wurde den wenigsten Menschen ohne eigenes Dazutun in die Wiege gelegt; pflegen und verwöhnen Sie sich.

◎ Betrachten Sie das Leben nicht als todernste Angelegenheit; dazu ist es zu schön.

◎ Veränderungen brauchen Zeit. Akzeptieren Sie Rückschläge, und machen Sie einfach immer weiter.

Botschaft:	Neues Jahr, neues Glück!
Tierkreiszeichen:	Steinbock
Organe und Körperteile:	Knochen, Gewebe
Element:	Erde
Bachblüte:	Larch – stärkt Selbstvertrauen
	Walnut – bei mangelnder Entscheidungsfähigkeit
	Gorse – schenkt Hoffnung und Zuversicht
Stein:	Gelber Calcit, Hämatit, Karneol
Aromatherapie:	Bergamotte, Lemongras, Muskateller

Menschen, die im Zeichen des Steinbocks geboren sind, wird Zuverlässigkeit und Zielstrebigkeit nachgesagt.

Muntermacher – Drink des Monats

Für den Monat Januar empfehle ich Ihnen einen Muntermacher. Er ist ein ganz besonderes Getränk, das die Müdigkeit und den Stress der vergangenen Tage aus Ihren Gliedern entweichen lässt.

Nehmen Sie dafür 3 Mandarinen, 1 Möhre und 2 Äpfel. Entsaften Sie alle Zutaten, und geben Sie diese in ein Glas. Füllen Sie dieses mit Mineralwasser auf, und trinken Sie in langsamen und bewussten Schlucken. Stellen Sie sich dabei vor, wie mit jedem Schluck mehr und mehr Kraft und neue Energie in Ihren Körper eindringen und für neue Frische sorgen.

In der kalten Jahreszeit sind Vitamine wichtig. Sie versorgen den Körper mit ausreichend Energie und stärken das Immunsystem.

Volksweisheiten der weisen Frauen

An dieser Stelle möchte ich Ihnen auch noch
ein paar geheime Volksweisheiten
weiser Frauen verraten. Probieren
Sie ruhig den einen oder anderen
dieser Tipps für sich aus. Sie werden mit Sicherheit erstaunt sein,
denn die Wirkung dieser Ratschläge
und Weisheiten hat bis zum heutigen
Tage nichts von ihrer Kraft verloren.

◎ Im Jänner werden die Obstbäume unter
Zauber- oder Gebetsformeln mit Stroh umbunden.
Man spricht zu den Bäumen: »Ich wünsche euch für das
neue Jahr, dass ihr gute und gesunde Früchte tragt«,
tanzt um sie und singt: »Freuet euch, ihr Bäume,
Neujahr ist 'kommen, dieses Jahr eine Karre
voll, übers Jahr ein Wagen voll.« Das Stroh mut-
willig von den Bäumen abzureißen galt als große
Sünde. Bäume, die überhaupt nicht tragen wollen, werden
mit Geld beschenkt, welches man unter die Rinde oder Wurzel
steckt.

◎ Abends wird die »Stube« gereinigt, der Boden mit Tannenzweigen
bestreut und gut eingeheizt, damit es den Engeln behaglich werde.

◎ Wenn man Weißkraut und Linsen isst, so hat man das ganze Jahr
hindurch Geld; isst man gelbe Rüben, so bekommt man Gold, isst
man Hering und Hirsebrei oder nur Letzteren, so hat man das ganze
kommende Jahr viel Geld und Glück.

◎ Man darf an Neujahr kein frisches Hemd anziehen und keine
Äpfel essen, sonst hat man kein Glück.

◎ Werden die Hühner am Neujahrstag mit Hirse gefüttert, so legen
sie gut.

◎ Kinder, die in der Neujahrsnacht geboren werden, erhalten die
Gabe, hellsichtig zu sein.

◎ Wenn man an Neujahr etwas verkehrt anzieht, dann läuft für
einen das ganze Jahr verkehrt.

◎ Wer sich am Tag der Heiligen drei Könige mit dem Wasser aus
einem Fluss badet, bleibt durch das ganze Jahr gesund, denn das
um Mitternacht geschöpfte Wasser hat große Heilkraft.

**Viel von den
Erkenntnissen
früherer Zeiten ist
heute verloren
gegangen. Doch es
ist auffällig, wie
viele der überliefer-
ten Weisheiten heu-
te noch gültig sind.**

◉ Der »Dreikönigswind« ist der segensreichste; ihm werden um Mitternacht Türen und Fenster geöffnet, damit er Glück in Haus und Hof bringe.

◉ Das Vieh muss den ganzen Tag fasten, damit es vor Krankheit geschützt sei.

◉ Um Mitternacht wird, solange die Uhr schlägt, das Wasser in Wein verwandelt, und die Wahrsagung zu dieser Stunde ist besonders trefflich.

◉ Im Jänner viel Regen, wenig Schnee, tut Bergen, Tälern und Bäumen weh.

◉ Nebel im Jänner macht ein nasses Frühjahr.

◉ Ist der Jänner nass, bleibet leer das Fass.

◉ Jänner warm, Gott erbarm.

◉ Die Neujahrsnacht still und klar, deutet auf ein gutes Jahr.

◉ Vincenzi (22.) Sonnenschein, bringt viel Korn und Wein.

◉ Wie das Wetter um Vincenzi war, so wird es sein im ganzen Jahr.

Die traditionellen Feste und Rituale der Großen Göttinnen im Januar

1. Januar   Fest der babylonischen Wassergöttin Nanshe

Jedes Jahr am Neujahrstag beurteilt sie die Taten der Menschen im vergangenen Jahr und deutet aus Träumen und Omen die Schicksale für das beginnende Jahr. Dieser Tag ist daher gut, um in ihrem Namen Bilanz zu ziehen und gemeinsam mit Freunden und Bekannten die Karten nach der nahen Zukunft zu befragen.

Im Wicca-Kult lebt die Verbundenheit mit der Natur nicht zuletzt auch in den Jahresfesten mit ihren diversen Ritualen fort.

3. Januar   Fest der sumerischen Göttin Inanna

Inanna ist eine Liebes- und Kriegsgöttin. Wir feiern an diesem Tag ihr zu Ehren die Geburt des Lichtes. Sie ist eine der Göttinnen, die über die Liebe und unsere Städte wacht. Die Babylonier, die den Sumerern in deren ertragreiches Tal folgten, nannten diese Göttin auch Ishtar. Inanna verkörpert in ihren Aspekten die ganze weibliche Palette: angefangen von der unschuldigen Jungfrau, zur schönen, begehrenswerten Frau, zur vollkommenen Mutter, bis hin zur weisen alten Frau, die tröstend und mit Rat und Tat zur Seite steht. Sie ist eine kluge und mutige Göttin, denn sie stieg freiwillig in die

Unterwelt, verlor dabei alle Macht, ihren Schmuck, ihre Zauber-
amulette und ihre Krone. Sie wird in der Unterwelt von ihrer eigenen
Schwester getötet, gewinnt dadurch aber die Kontrolle über Angst
und Hass. Sie trifft auf ihrem Weg die Priesterin Ninsubar, die sich
für Inanna beim Gott der Weisheit einsetzt. Er schickt ihr daraufhin
gute Geistwesen, die Inanna sofort aus dem Reich der Toten befrei-
en und sie in ihr Reich zurückkehren lassen. Doch Inanna muss
einen Preis dafür bezahlen: Sie muss ihren Gatten Dumuzi einmal
im Jahr in die Unterwelt schicken, der sie an ihrer Stelle dort vertritt
und im Totenreich seine eigene Transzendenz erfährt.

Nutzen Sie die starke Energie dieses Inanna-Tages, etwa wenn Sie
sich nach Liebe sehnen oder sich schon lange ein Baby wünschen.
Auch Gesundheits- und Schutzrituale wirken sich sehr günstig aus.
Zelebrieren Sie diesen Tag zu Ehren Inannas. Die dazugehörigen
Rituale und ihre Anwendung finden Sie in meinen Büchern »Hexen-
wissen« und »Liebeshexereien«.

In Schutzritualen, wie sie am Inanna-Tag begangen werden, kommen oft positiv aufgeladene Gegenstände wie Amulette oder Pendel zur Anwendung.

5. Januar **Fest der griechischen Göttin Kore**

Kore ist die Kornjungfrau, eine Göttin der Fruchtbarkeit, die alles
auf der Erde wachsen und gedeihen lässt. Sie hat den Beinamen
Persephone. Sie repräsentiert die junge Knospe, die frische Erde,
Wachstum und Schutz. An diesem Tag zelebrieren wir Schutz- und
Geldrituale (siehe Seite 165: Hexenwissen, Hexenrat von A–Z).

Ende Januar kann man hier und da bereits das erste Grün im Schnee entdecken. Das neue Wachstum beginnt.

Wasser ist Leben. Der Fruchtbarkeitsaspekt des Wassers ist in vielen Kulturen bekannt.

6. Januar Fest der keltischen Göttin Sirona

Sirona ist eine Himmels- und Fruchtbarkeitsgöttin, die von den Kelten verehrt wurde. Sie segnet das Wasser und berührt es mit dem hölzernen heiligen Stab. Ihr Festtag ist gut für die Energiegewinnung und Energieübertragung geeignet. Besinnen Sie sich aus diesem Grund auf Ihr innerstes Kraftzentrum, indem Sie sich Zeit für sich nehmen.

Die Göttin Justitia ist bis zum heutigen Tage in aller Munde – vor vielen Gerichtsgebäuden stehen Justitia-Statuen. Sie kann auch Ihnen bei Ihren Ritualen helfen.

8. Januar Fest der römischen Göttin Justitia

Justitia ist die Göttin der Gerechtigkeit. Einer alten Legende zufolge tötete Justitia alle diejenigen, die unter Eid die Unwahrheit sprachen. Daraufhin verpflichteten sich die Menschen untereinander, unter Eid nicht mehr zu lügen, um nicht von Justitia bestraft zu werden.
Feiern Sie an diesem Tag das Fest der römischen Göttin, um Gerechtigkeit zu erhalten und die Wahrheit herauszufinden (siehe Seite 165: Hexenwissen, Hexenrat von A–Z).

15. Januar Fest der römischen Göttin Carmenta

Sie ist eine für weibliche Belange zuständige Göttin, nämlich die Göttin der Geburtshilfe, der Hebammen und der Weissagung. Sie beschützt die Hebammen und die werdenden Mütter. Nach ihrem Vorbild legen weise Frauen nach der Geburt dem Neugeborenen immer wieder die Karten und schauen in seine Zukunft. Magische Handlungen sollte man an diesem Tag nur unter den Schutz der Göttin Carmenta stellen, und Zeugung und Geburten werden von ihr besonders behütet. Wenn Sie sich also schon längst ein Baby wünschen, so verführen Sie an diesem Tag Ihren Herzallerliebsten. Kochen Sie ihm zur Einstimmung auf einen erotischen Abend ein besonderes Liebesmahl, und servieren Sie ihm ein stimulierendes Getränk dazu. In meinem »Kochbuch für Hexen« finden Sie dazu geeignete Rezepte.

30. Januar Fest der römischen Göttin Pax

Pax gilt als Nachfolgerin der griechischen Friedensgöttin Eirene. Unter dem römischen Kaiser Augustus wurde ihr zu Ehren eigens ein Altar in Rom errichtet. Am 30. Januar beging man eines ihrer wichtigsten Feste. Alle Würdenträger mussten an diesem Tag die Insignien ihres Amtes ablegen. Vor dem »Altar des Friedens« verlasen die Priesterinnen die Namen der Menschen, die keinen Frieden wollten. Durch diese öffentliche Benennung fielen sie in Ungnade und wurden fortan gemieden.

Nutzen Sie die Energie dieses Festes, und zelebrieren Sie Rituale zur Aussöhnung mit Ihren Lieben, oder feiern Sie ein Ritual für den Weltfrieden, für die ausgebeutete Erde oder für aussterbende Tiere auf unserem Planeten (siehe Seite 165: Hexenwissen, Hexenrat von A–Z).

Pax, die Göttin des Friedens, ist in der heutigen Zeit mehr denn je gefragt, ihren heilbringenden Einfluss auszuüben.

Im Mittelalter hat das tiefe Wissen um die Kräfte der Pflanzen die weisen Frauen in den Verruf gebracht, Hexen zu sein, die mit dem Teufel im Bunde stehen.

Februar

Dieser Monat stellt so etwas wie eine Übergangsphase dar. Noch ist es draußen in der Natur zwar kalt und ungemütlich, die Erde ruht noch, aber es ist abends bereits etwas länger hell, und schon das gibt neue Hoffnung. Man beginnt die ersten Aktionen im Garten oder auf dem Balkon, entfernt alle Pflanzen, die den Winter nicht überstanden haben, und stellt fest: Es herrscht eine Stimmung der Vorbereitung – auf den Frühling, auf die Rückkehr des Lichts und der Wärme. Das gilt für Haus und Garten und genauso für einen selbst. Viele Menschen holen jetzt seit Monaten mal wieder die Waage hervor und stellen sich in einem Anflug von Zuversicht drauf – das Ergebnis verlangt meist nach einschneidenden Maßnahmen. Wenn Sie nicht schon im Januar damit begonnen haben, so ist jetzt großes Reinemachen angesagt, und zwar auf vielen Gebieten – Haus und Garten, Keller und Dachboden, Familie und Freunde, Liebe und Beziehungen, Beruf und Karriere, Körper und Geist.

Februar ist der Monat der Vorbereitungen, Einweihungen, Enthüllungen, des Kampfes zwischen Lust und Laune, Fleiß und Müßiggang.

Ein Fest für mich selbst

Wie können Sie anderen eine gute Frau, Mutter, Tochter oder Freundin sein, wenn Sie sich selbst nicht mögen? Vergessen Sie nie, dass Sie selbst die wichtigste Person in Ihrem Leben sind. Das hat nichts mit Egoismus zu tun. Zu viele Frauen sind nur für die anderen da und vernachlässigen sich selbst, bis sich Körper und Seele oft nicht anders zu helfen wissen, als eine Krankheit ausbrechen zu lassen, die die Betreffende zum Einhalt zwingt. Lassen Sie es nie so weit kommen. Sie sind nicht nur Mutter und Ehefrau. Sie sind in erster Linie einmal Sie selbst. Feiern Sie das »Fest für sich selbst« nicht nur im Februar.

Gönnen Sie sich immer wieder einige Stunden, einen ganzen Tag oder ein Wochenende ganz für sich allein. Lassen Sie Ihrer Phantasie und Ihren Wünschen einmal freien Lauf.

Was wollen Sie? Wie wäre Ihr ideales Leben? Malen Sie sich alles ganz genau aus. Sie wären gerne Künstlerin? Sie würden gerne die Welt bereisen? Mit interessanten Leuten befreundet sein?

Tauchen Sie ganz tief in Ihre Seele hinab. Liegt da unten auf dem Grund ein Zauberspiegel? Was sehen Sie, wenn Sie hineinblicken? Die Person, um die Sie sich immer zu wenig kümmern, an der Sie viele Dinge nicht mögen. Sagen Sie zu Ihrem Spiegelbild: »(Ihr Name), ich liebe dich!« Sagen Sie es immer wieder. Zählen Sie alles auf, was Sie an sich gut finden. Lassen Sie die innere kritisierende Stimme verstummen. Und spüren Sie, was für Energien in ihr gebunden waren und jetzt hochsteigen, um kreativ von Ihnen genutzt zu werden. Lassen Sie an diesem Abend eine weiße Kerze brennen – für Sie allein!

> Nutzen Sie die Energien des Februars, um sich selbst wieder neu kennen zu lernen – denken Sie an die Ziele, die Sie sich selbst gesetzt haben.

Valentinstag – auf den Spuren der Liebesgöttin

Sicher zweifeln Sie nicht daran, dass es die Idee einer Liebesgöttin war, weibliche Schönheit in die Welt zu bringen. Verrat, höre ich da jemanden schreien? Falsch: Dummheit, nicht davon zu profitieren, antworte ich. Wovon?

Stellen Sie sich vor: Sie betreten einen Raum, und alle Männer verdrehen sich den Hals. Die Brünette, die jeden Tag verbissen im Fitnessstudio damit kämpft, auch noch den letzten Rest Porundung wegzutrainieren, verschluckt sich an ihrer mageren Hühnerbrust und versteht die (männliche) Welt nicht mehr. Ihre Eiweißriegel, Road-300X-Adventure Outdoor-Sportschuhe und Fettverbrennungspillen sollte diese Dame wohl lieber gegen Ihre Devise »ich gönne mir, was ich will« eintauschen. Wenn Frau sich überall nur die fettreduzierende Sparversion zugesteht, wie soll ihr dann jemals ein Mann in Luxusausführung am Valentinstag rote Rosen schicken? Stehen Sie also zu Ihrer ganz spezifischen Schönheit, nehmen Sie Ihren Körper an – auch wenn Sie glauben, ein paar Pfunde zu viel auf den Rippen zu haben. Wenn Sie sich mögen, werden Sie auch in der Männerwelt Furore machen! Probieren Sie es aus, und genießen Sie es, wenn alle Blicke bewundernd (männlich) und neidisch (weiblich) auf Sie gerichtet sind!

Ihr Körper ist anbetungswürdig

Lieben und verwöhnen Sie ihn. Essen Sie gesund, aber kasteien Sie sich nicht. Tragen Sie Kleidung, die Ihre weiblichen Rundungen betont. Kurz gesagt, greifen Sie zu den Waffen einer Frau. Nutzen Sie, was die Natur Ihnen mit auf den Lebensweg gegeben hat. Sie sind ein hilfloses Etwas, das männlichen Schutzes bedarf, wenn Sie es nicht tun. Sie sind nicht emanzipiert, wenn Sie es nicht tun. Seien Sie mutig und zeigen Sie Ihre Reize. Und Sie gewinnen dieses Spiel, das so alt ist wie die Menschheit selbst.

Damit Sie sich wohl und attraktiv fühlen, muss das körperliche Befinden intakt sein. Legen Sie zwischendurch mal einen Wellness-tag ein.

Ihr Köpfchen ist gefragt

Schön, aber dumm – höre ich Sie sagen. Schön dumm, wer das von Ihnen glaubt. Überraschen Sie die Leute. Seien Sie immer aktuell informiert, bei Kunst und Literatur auf dem Laufenden, seien Sie witzig und schlagfertig – und die Welt gehört Ihnen!

Ihr Charme verzaubert

Seien Sie nicht griesgrämig und mürrisch, sondern seien Sie freundlich, hilfsbereit, und zeigen Sie Interesse an Ihren Mitmenschen. Stellen Sie Fragen, machen Sie Komplimente, gehen Sie auf andere ein. Sie werden sehen, alle Herzen fliegen Ihnen zu.

Was hat das alles mit einem spirituellen Fest zu tun?

Ganz einfach: Sie feiern Ihr Frausein. Denn Venus hat nicht umsonst Liebe, Sinnlichkeit und Erotik in die Welt gebracht. Hätten sich sonst Göttinnen verliebt, hätten sonst Götter höchst raffiniert ihre Auserwählte umworben?

Das kräftige Rot belebt im Februar Ihren Energie-haushalt. Die schönste Form ist da ein Strauß roter Rosen.

23

Ein kritischer Blick in den Spiegel von Zeit zu Zeit ist nicht verkehrt. Vergessen Sie jedoch nicht, Ihre Seele zu pflegen. Denn Schönheit kommt von innen.

Äußere Schönheit resultiert nicht zuletzt aus innerer Ausgeglichenheit. Wer zu sich selbst steht, kann dies auch ausstrahlen.

Feiern Sie dieses verrückte Spiel, das sich Liebe nennt. Erkennen Sie die Göttlichkeit darin, wenn Sie sich verlieben.

Auch wenn draußen noch Schnee liegen mag und ein kalter Wind weht, die Tage werden merklich länger, und an manchen sonnigen Stellen entdeckt man die ersten Schneeglöckchen. In diesem Monat feiern vor allem die angelsächsischen Länder den Valentinstag. Machen Sie Liebe und Erotik für die nächsten vier Wochen zu Ihrem wichtigsten Thema.

Wie werde ich sexy und verführerisch?

◉ Nur wer sich selbst liebt, kann auch andere Menschen lieben, dass wissen Sie längst. Aber tun Sie es auch? Immer noch ist es leider so, dass attraktive Menschen es leichter haben, auch in der Liebe. Nehmen Sie sich also die Zeit und verwandeln Sie sich von der gehetzten Alltagsfrau in die sinnliche Liebesgöttin.

◉ Nutzen Sie die Kraft der Vorstellung: Sehen Sie sich vor Ihrem inneren Auge als die verführerische Sirene, die Sie sein möchten. Sie werden sich wundern, wie schnell Sie dadurch Ihr Ziel erreichen.

◉ Sie müssen keine Doppelgängerin von Marilyn Monroe sein – aber Marilyn kann zu Ihrer besten Lehrerin werden. Leihen Sie sich ein paar ihrer Filme aus, studieren Sie ihren erotischen Gang, die

Art, wie sie ihre Hüften wiegt (angeblich soll stets einer ihrer Absätze etwas niedriger gewesen sein), ihre Gestik und Mimik. Und: Hören Sie auf, mit Riesenschritten durch die Gegend zu stürmen. Nehmen Sie sich Zeit, zelebrieren Sie Ihren Auftritt und alles, was Sie tun. Atmen Sie einmal tief ein, und spüren Sie, wie beim Ausatmen ein sinnliches Knistern durch Ihren ganzen Körper strömt.

◎ Sexy zu sein hat nicht nur etwas mit Ihrem Aussehen zu tun, Ihre innere Einstellung ist mindestens ebenso wichtig. Tun Sie zuerst einfach so, als ob Sie es bereits wären. Handeln, denken und leben Sie wie ein Sexsymbol!

◎ Lieben Sie Ihren Körper, wie er ist, werfen Sie die Waage weg. Finden Sie die klapprigen Schauspielerinnen von heute wirklich sexy und sinnlich? Mit ihren knochigen Schlüsselbeinen und dürren Ärmchen? Feiern Sie Ihr üppiges Dekolletee und jede einzelne Kurve. Sorgen Sie für straffe, feste und samtige Haut, aber lassen Sie jedes Gramm dort, wo es hingehört!

Was im Übermaß praktiziert wird – sei es Sport, Essen, Fasten oder das Stylen durch Kleidung –, führt selten zum gewünschten Erfolg.

Botschaft:	Rückkehr des Lichts
Tierkreiszeichen:	Wassermann
Organe und Körperteile:	Unterschenkel, Venen
Element:	Luft
Bachblüte:	Pine – bei fehlender Selbstliebe und Zwang zum Perfektionismus
Stein:	Rosenquarz, Rubin
Aromatherapie:	Rosenöl

◎ Natürlich sollten Sie auch weiterhin Sport treiben. Aber es geht nicht mehr darum, so viel wie möglich abzunehmen. Das richtige Maß an Bewegung ist auch für eine Liebesgöttin wichtig, ganz abgesehen davon, dass die dabei produzierten Glückshormone Sie noch sinnlicher werden lassen.

◎ Verstecken Sie sich nicht in weiten Flatterkleidern, sondern tragen Sie alles, was Ihre Figur betont und worin Sie sich wohl fühlen: beispielsweise schmale Röcke mit Schlitz, kurze Twinsets, eng anliegende Pullover. Mittlerweile gibt es ultraschicke Dessous, die Sie ganz unauffällig in Topform bringen. Und vor allem: High Heels! Verbringen Sie Ihr Leben darin, wenn Sie sich darin wohl fühlen!

Lustmacher – Drink des Monats

In diesem Monat der Liebe, der Inspiration und des Erwachens empfehle ich Ihnen, am Wochenende, zum Frühstück, einen ganz besonderen Lustmacher zu trinken. Nehmen Sie dafür etwa 250 ml Milch, und schütten Sie diese in einen Mixer. Dazu geben Sie 1 Banane und 1 TL Honig. Lassen Sie nun das Ganze im Mixer ordentlich verquirlen, und stellen Sie das Getränk anschließend zum Kühlen für etwa eine halbe Stunde in den Kühlschrank. Wie wäre es, wenn Sie auch Ihrem Liebsten davon zu trinken geben?

Volksweisheiten der weisen Frauen

Liebe geht auch durch den Magen. Ein spezielles, liebevoll zubereitetes Gericht, ein Getränk, mit den richtigen Zutaten und mit der richtigen Einstellung zubereitet, kann wahre Wunder wirken.

◎ Jeder Tag des Monats Februar trägt an sich schon die Vorbedeutung für Wetter und Schicksal eines Monats des folgenden Jahres in sich. Je gewaltiger der Sturm die Bäume schüttelt (und je eifriger sich die Männer um Frauen bemühen), umso fruchtbarer wird das künftige Jahr.

◎ Alles, was man in dieser Zeit träumt, hat eine ganz besondere Bedeutung.

◎ Haus, Feld und Garten werden mit Zauberschutz umgeben.

◎ Man sagt, man solle in dieser Zeit auch nichts verleihen, da es schwer zu einem zurückkomme.

◎ Man verwendet in dieser Zeit Asche, die zur Vertilgung des Ungeziefers in Haus, Hof und Garten verhilft.

◎ Liegt die Katze im Februar in der Sonne, so muss sie im März wieder hinter den Ofen.

◎ Wenn im Februar die Mücken spielen, so kommt ein kaltes Frühjahr, welches dem Vieh und den Bienen höchst nachteilig ist.

◎ Wenn es im Februar nicht tüchtig wintert, so kommt die Kälte um Ostern.

◎ Lichtmess im Klee, Ostern im Schnee.

◎ Wenn es an Lichtmess stürmt und schneit, ist der Frühling nicht mehr weit; ist es aber klar und hell, kommt der Lenz wohl nicht so schnell.

◎ Wie der Februar, so der August.

◎ Dunkle Lichtmess ringt reichlich Essen.

◎ Lichtmess helle, bringt Mangel zur Stelle

◎ Lichtmess mehr Sonnenschein, bringt mehr Schnee herein.

Die traditionellen Feste und Rituale der Großen Göttinnen im Februar

1. Februar Fest der keltischen Göttin Brigit

Brigit ist die Göttin der Dicht- und Heilkunst. Ihr Name bedeutet übersetzt »die Strahlende«, ihre Symbole sind das Feuer und der Zauberkessel. Sie ist die ewige Flamme der Inspiration und der Intuition. Geehrt wird Brigit als dreifache Göttin. Führen Sie an diesem Tage Rituale zur Inspiration und zur Verbesserung Ihrer Intuition durch (siehe Seite 165: Hexenwissen, Hexenrat von A–Z).

Der klassische Hexenkessel, der meist dreibeinig ist, steht für Inspiration und die Unsterblichkeit der Seele.

2. Februar Lichtmess, eines der ganz großen Hexenfeste

An diesem Tag wird jedes Jahr das große Fest der Hexeninitiation begangen. Junge Hexen (Novizinnen), die mindestens drei Jahre lang das alte geheime Hexenwissen bei einer initiierten Hexe studiert und ihre Abschlussprüfung erfolgreich absolviert haben, werden nun eingeweiht, initiiert und in einem Hexencoven aufgenommen.

12. Februar Tag der großen Göttin Diana

Die schöne Muttergöttin Diana symbolisiert Mutter Erde und ist Spenderin allen Lebens. Dies ist ein besonders wichtiger Tag für Rituale des Dankes und der Erneuerung unserer Lebenskraft und ein Ehrentag für unsere ausgebeutete Natur. Gut sind Rituale für ein naturbewusstes und ausgeglichenes Leben.

Gehen Sie so oft wie möglich in die Natur, und erleben Sie den steten Wandel des Werdens und Vergehens.

14.–21. Februar Fest der griechischen Göttin Aphrodite

Aphrodite ist eine Liebesgöttin. An diesen Tagen feiern wir das Fest der innigen Liebe. Jeweils um Mitternacht versammeln sich die weisen Frauen in einem großen Kreis auf einer heiligen Lichtung, sie fassen sich an den Händen, bitten Aphrodite um Beistand in Liebesangelegenheiten und führen ihr zu Ehren Rituale durch. Nutzen Sie diese Energie für Liebesrituale, Freundschaftsrituale, Familie und Harmonie (siehe Seite 165: Hexenwissen, Liebeshexereien).

14. Februar Fest der Liebe, Valentinstag

Dieser Tag war ursprünglich ein römischer Festtag, »Lupercalia« genannt. Junge Männer zogen Lose mit Namen von Mädchen. Mit der Auserwählten vergnügten sie sich dann zügellos. Die christliche Kirche missbilligte natürlich diese erotischen Spiele und weihte diesen Tag dem heiligen Valentin, dem Schutzpatron der Liebenden.

16. Februar Fest der griechischen Hexengöttin Hekate

Bevor Sie mit Aphrodites Hilfe ein Freundschaftsritual beginnen, überlegen Sie sich gut, wer für Sie ein echter Freund ist und was Ihnen Freundschaft überhaupt bedeutet.

Hekate ist die Dritte im Bund der dreifachen Göttin. Sie ist die alte weise Frau. Aber Vorsicht, sie mag keine Männer! Man versammelt sich ihr zu Ehren, um sich bei einem Hekate-Festessen über magisches Wissen und Zaubermittel zu unterhalten. Sie ist die Herrscherin der Zauberkünste, der übernatürlichen Kräfte, und sie verleiht sie all denjenigen, die sie gebührend verehren. Sind das Ritual und das Festessen vorüber, soll man die Überreste vor die Haustüre stellen, damit diese von Hekate und ihrer Meute eingesammelt werden können für die Ärmsten dieser Erde. Sie hat ein langes, erfahrungsreiches Leben hinter sich und durchschaut alles und jeden und jegliche Absicht. Deshalb Vorsicht, wer nicht ehrlich ist, wird sofort durchschaut und bestraft. Den Ehrlichen aber gibt sie gerne spirituellen Rat und fördert wahres Bestreben.

22. Februar Fest der römischen Göttin Concordia

Dieser Tag ist der Festtag der Göttin Concordia, der römischen Göttin der Harmonie. Dieses Fest steht unter dem Zeichen der Harmonie, der Familie, der Verwandtschaft und der guten Freunde. Nutzen Sie die Energie des Tages, um im Kreis der Familie und von Freunden zu Ehren Concordias zu feiern und zu zelebrieren. Jeglicher Streit und jede Zwietracht sollten an diesem Tag ausgeschlossen sein. Machen Sie Ihren Lieben nach einem Ritual der Harmonie ein kleines Geschenk, als Zeichen für ein harmonievolles und streitfreies Jahr. Diese Göttin ist eine stämmige Matrone, die in einer Hand ein Füllhorn und in der anderen einen Olivenzweig trägt. Die Göttin der Zwietracht ist Discordia, ihre absolute Gegenspielerin. Also lassen Sie es nicht so weit kommen, sich mit ihr einzulassen, sondern ehren Sie Concordia voller Inbrunst.

26. Februar Fest der griechischen Göttin Hygieia

Hygieia ist die Göttin der Gesundheit und der Hygiene. Ihr zu Ehren wurden viele Statuen aufgestellt, die sie als stämmige Frau mittleren Alters zeigen. Bis heute wird sie durch die Schlange symbolisiert. An diesem Tag sollten Sie Hygieia ehren, indem Sie es sich besonders gut gehen lassen. Zelebrieren Sie mit Freunden ein Gesundheitsritual, gedenken Sie all der kranken und seuchengeplagten Mitmenschen, gedenken Sie der Opfer von Aids und sonstiger Zivilisationskrankheiten. Es ist auch ein guter Tag für Gesundheitsvorsorge, Körperpflege und gesundes Essen. Hygieia wird mit Ihnen sein, denn sie ist die Patronin der gründlichen Vorsorge, damit Sie gesund und munter bleiben.

Gesundheit ist eine göttliche Gabe, doch es liegt an uns, sie so lange wie möglich zu behalten. Vitaminreiches Essen ist ebenso hilfreich wie ein Gesundheitsritual zu Ehren der Göttin Hygieia.

Genießen und pflegen Sie ganz bewusst Ihren Körper. Gerade gegen Ende des frostigen Winters braucht er unsere Aufmerksamkeit.

März

Wenn die ersten Knospen aufspringen, die ersten Blümchen ihre Köpfe den wärmer werdenden Sonnenstrahlen entgegenstrecken, die ersten grünen Blätter zu entdecken sind – dann möchte man alles umkrempeln und ein neuer Mensch werden. Überlegen Sie sich bereits zu Beginn des Monats, wie Ihr Start in den Frühling aussehen soll.

◉ Lassen Sie die dunklen Wintermonate mit den oft dunklen Gedanken hinter sich; erstrahlen auch Sie neu. Mit Mut, Zuversicht und Optimismus können Sie sich das Leben schaffen, von dem Sie träumen. Nichts ist so aussichtslos, wie es Ihnen erscheint!

◉ Beginnen Sie die Runderneuerung von innen: Weg mit Fleisch, Kuchen, Alkohol und Schokolade, essen Sie viel Obst, Gemüse und Salate, trinken Sie reinigende Kräutertees und viel Mineralwasser.

◉ Geben Sie dem Zuviel an Winterspeck keine Chance, treiben Sie Sport, joggen Sie durch den Park, radeln Sie, gehen Sie spazieren.

◉ Gönnen Sie sich einen neuen Haarschnitt, neues Make-up, einen neuen Duft.

Der März ist der Monat des aktiven Neubeginns. Fassen Sie neuen Mut, trauen Sie sich, neue Ideen in die Tat umzusetzen.

Botschaft:	Der große Aufbruch
Tierkreiszeichen:	Fische
Organe und Körperteile:	Füße
Element:	Wasser
Bachblüte:	Wild Rose – Lebensfreude
	Sweet Chestnut – Glaube an die Zukunft
	Clematis – neue Verhaltensmuster
Stein:	Amethyst, blauer Turmalin
Aromatherapie:	Orange und Rosmarin

Schlankmacher – Drink des Monats

Für den Monat März eignet sich am besten der traditionelle Schlankmacher, der bereits seit Jahrhunderten bekannt und viel versprechend ist. Verwenden Sie hierfür 2 Stangen Staudensellerie,

2 Möhren, 1 Bund Petersilie sowie 1 Apfel. Entsaften Sie das Ganze am besten in einer Entsaftermaschine, und gießen Sie den Saft in ein Glas. Würzen Sie das Getränk mit Ingwer. Trinken Sie es in der Zeit des abnehmenden Mondes im März. Diese Mondphase wirkt unterstützend bei Diäten.

Die Osterzeit ist nicht zuletzt die Zeit, in der die Fruchtbarkeit gefeiert wird. Sie ist auch die ideale Zeit für einen prickelnden Flirt und eine neu aufkeimende Liebe.

Volksweisheiten der weisen Frauen

@ Die wichtigste Schicksalszeit ist die Osterzeit. Die in ganz Deutschland verbreitete Sitte der farbigen Ostereier ist unzweifelhaft heidnischen Ursprungs. Die Eier sind die Sinnbilder des neu beginnenden Naturlebens. Man versteckt diese Eier, als vom Osterhasen gelegt, im Garten oder in den Stuben der Kinder. Der Hase gilt als Sinnbild der Fruchtbarkeit und gehört zur Frühlingsgöttin Ostara, auch Hulda genannt. Ihre Herde besteht aus lauter Hasen. Die Göttin lässt sich bei ihren nächtlichen Wanderungen von Hasen Lichter voraustragen. Hasennester gelten vielfach als der Ort des Ursprungs der Kinder. Hasen und Kinderreichtum gehören zusammen. Den Heiden war der Hase heilig, sie aßen ihn nicht. Ostereier haben Zauberkraft – selbst die Schalen und das Wasser, in dem sie

Jährlich feiern wir Ostern mit bunten Eiern. Sie stehen sinnbildlich für Fruchtbarkeit und Kindersegen.

gekocht sind. Dieses Wasser soll vor Verhexung schützen, wenn man es in die Stube sprengt. Man wäscht die Pferde mit Osterwasser, das macht sie besonders kräftig.

@ Ein Apfel, am Ostermorgen gegessen, schützt vor Fieber.

@ Wenn man am ersten Ostertag kein Fleisch isst, bekommt man das ganze Jahr kein Zahnweh.

@ Zu Ostern darf nicht gewaschen werden, sonst hat man kein Glück.

@ Auch die Woche vor Ostern (Kar- oder Marterwoche) ist von Aberglauben umsponnen. Man darf in dieser Woche keine Wäsche ins Freie hängen und den Boden in der Natur nicht düngen. Man darf nicht weben, schmieden oder zimmern. Die Woche gilt als unglücklich, daher darf man weder Wohnung noch Arbeitsstelle wechseln.

@ Der Gründonnerstag dagegen ist eine Ausnahme. Man sät und pflanzt, pflügt und eggt den ganzen Tag so viel wie möglich, denn alles wächst dann sehr gut. Besonders Lein und Weizen werden gesät und die ersten Kartoffeln gesteckt sowie Ableger von den Blumen genommen. Blumen, die an diesem Tag gesät werden, erhalten schöne Farben. Kräuter, am Morgen gepflückt, haben große Heilkräfte. Neunerlei Kräuter, gekocht und gegessen, erhalten das ganze Jahr gesund. Eier, an diesem Tage gelegt, sind zu vielen Dingen nütze, sie beschützen vor Bruch- und Leibesschaden. Wer ein solches Ei mit sich trägt, sieht und erkennt fast alles, was seine lieben Mitmenschen zu verbergen suchen. Auch sollen diese Eier Glück im Spiel bringen.

@ So viele Nebel dich im Märzen plagen, so viele Gewitter nach 100 Tagen.

@ Trauert das Feld, so lacht die Scheune, lacht das Feld, so trauert die Scheune.

@ Ein trockener März und nasser April ist, was der Bauer will.

@ März nicht zu trocken, nicht zu nass, füllt die Scheuer und das Fass.

@ Nebel und Trockenheit im März bringt alle Früchte vorwärts.

@ Feuchter März ist der Bauern Schmerz.

Aufgrund der prominenten Stelle, die Ostern im Jahreskreislauf einnimmt, sind viele Regeln und Volksweisheiten mit diesem Fest eng verknüpft.

Unverkennbar die Venus, die Schaumgeborene von Sandro Botticelli (1445–1510).

Die traditionellen Feste und Rituale der Großen Göttinnen im März

Wer z.B. zum Tag der Juno Liebesrituale praktiziert, lernt unweigerlich etwas über die Kraft der Verführung und magnetischen Anziehung.

1. März Fest der großen römischen Göttin Juno

Juno ist die große Göttin der Fortpflanzung. Dabei ist sie für alles, von der Hochzeit über den Zeugungsakt bis hin zur Geburt, zuständig. Außerdem ist sie die Glücks- und Lichtbringerin, die Bewahrerin des häuslichen Friedens und die Beraterin. In Ritualen und Beschwörungen bittet man sie um eine gute, glückliche Ehe. Die Göttin trägt einen Schleier, hält Blumen in der rechten Hand und hat einen Säugling im linken Arm. Sie ist weise und sehr gerecht.

Nutzen Sie an diesem Tag ihre Energie für ein Liebesritual oder ein Fruchtbarkeitsritual (siehe Seite 165: Hexenwissen, Liebeshexereien, Hexenrat von A–Z).

5. März Fest der großen ägyptischen Göttin Isis

Isis ist die erstgeborene Tochter von König Nut. Sie ist von Anfang an eine warmherzige, gütige und schöne Göttin. Sie sitzt auf ihrem Thron und stillt liebevoll ein Baby. Gleichzeitig symbolisiert sie aber auch die geflügelte Isis, auch Selketh genannt, die in die Unterwelt herabsteigt, um ihren geliebten Osiris zu retten, der von seinem eifersüchtigen Bruder Seth ermordet und zerstückelt wurde. Dort ist man ihr gnädig und stattet Isis mit magischen Werkzeugen und Fähigkeiten aus. Diese ermöglichen ihr, den Geliebten von den Toten wieder auferstehen zu lassen. Seit diesem Zeitpunkt wacht sie, dankbar für die ihr erwiesene Gnade und mit magischen Fähigkeiten ausgestattet, über das Wohl der Familien und Liebenden. Zudem ist sie die Erfinderin des Segels. Man feiert sie am Meer, am Fluss oder am See.

Nutzen Sie die Kraft der großen Isis an diesem Tag – beispielsweise für ein Liebesritual, Harmonie und gute Vorsätze.

9. März Zweites Fest der griechischen Göttin Aphrodite

Eigentlich gilt sie als die uralte Muttergöttin des östlichen Mittelmeerraums. Vor langer, langer Zeit, so erzählt der Mythos, wurde der alte Himmelsgott Uranos von seinen eigenen Kindern, den Titanen, entmannt. Daraufhin fiel sein Penis in den Ozean und gab einen wunderbaren göttlichen Strahl von sich. Das Meer färbte sich blutrot. Aus dem Schaum bildete sich eine wunderschöne Gestalt – Aphrodite mit langen glänzenden Haaren, auf einer Muschelschale reitend. Sie schüttelte sich das Meerwasser aus ihren Locken, und die fallenden Tropfen verwandelten sich in Perlen. Auf einer der nächstgelegenen Inseln strandete sie und landete dabei auf Zypern. Aus diesem Mythos entstand die Schaumgeborene. Sie ist eine Liebesgöttin, die zahlreiche Affären mit göttlichen und sterblichen Männern hatte, u. a. auch mit dem Kriegsgott Ares und dem schönen Adonis. Sie ließ sich niemals zu etwas zwingen, sie brauchte ihre Freiheit, sonst lief sie einfach weg und suchte sich einen neuen Liebhaber. Feiern Sie diesen Tag der Liebe mit Ihrem Liebsten, und verführen Sie ihn mit einem Liebesmahl (siehe Seite 165: Kochbuch für Hexen) und raffinierten Dessous. Machen Sie diesen Tag zu einem unvergesslichen Liebeserlebnis.

Die griechische Aphrodite und die römische Venus sind gleichermaßen Göttinnen der Liebe. Ihre Festtage eignen sich besonders für Stunden zärtlicher Zweisamkeit.

15. März Fest der römischen Göttin Kybele

Kybele ist eine der großen Urmütter der abendländischen Kultur. Sie wurde durch die römische Mythologie im Abendland bekannt und auch von den Christen verehrt. Bevor sie einen Tempel auf dem palatinischen Hügel in Rom bekam, verehrte man sie als höchste Göttin in Kleinasien. Der Sage nach wurde sie von Zeus vergewaltigt. Der dabei gezeugte Sohn war unbändig und wurde deshalb von Bacchus an einen Baum gefesselt. Bei einem Befreiungsversuch riss er sich die Genitalien ab und verblutete. Aus diesem Blut wuchs zufällig ein Mandelbaum, dessen Frucht eine Nymphe schwängerte. Das Kind, Kybeles Enkel Attis, wurde ihr Liebhaber, der sich wegen seines unbezähmbaren Triebes die Genitalien ausriss und daran starb; so wiederholt sich das Motiv. Am 15. März wird jedes Jahr seine Wiedergeburt als Kybeles Liebhaber gefeiert; diese Wiedergeburt zeigt den kommenden Frühling an.

Unser Osterfest hat – wie so viele christliche Feste – einen heidnischen Ursprung. Der Name ›Ostern‹ leitet sich übrigens von der Göttin Ostara ab.

17. März Fest der römischen Göttin Libera

Libera ist die Göttin der Bauern und des Erwachens der Natur. Daher wird sie am 17. März besonders geehrt, inmitten einer Zeit also, in der die Pflanzen an die Oberfläche kommen und die Erde zu grünen beginnt. Sie war vermählt mit Liber, und das ist ein anderer Name für den Gott Bacchus. Als die zügellosen Bacchalienfeste gezähmt wurden, feierte man in Rom die »Liberalia«, das einzige noch erlaubte Fest des Bacchus. An diesem Tag werden Süßigkeiten zubereitet und an Nachbarn und Freunde verteilt. Ein Teil davon wird der Göttin geopfert, damit sie die Saat und das Gedeihen der Pflanzen beschützen möge.

21. März Fest der Göttin Ostara

Der Name Ostaras, die von den Angelsachsen und unseren deutschen Vorfahren verehrt wurde, hängt eng mit dem Osterfest zusammen. Dieser Tag ist ein kleiner Hexensabbat. Heute – zur Frühjahrs-Tagundnachtgleiche – werden vor allem Rituale für Fruchtbarkeit, Empfängnisbereitschaft und für Lebenskraft im Allgemeinen abgehalten. Das Ostarafest sollte auf jeden Fall in der freien Natur begangen werden – auch von unfreundlichem Wetter sollten Sie sich nicht abhalten lassen. Besorgen Sie sich einen Besen, mit dem Sie den Ritualkreis sorgfältig reinigen, und vergessen Sie nicht, Ihrem Besen einen lustigen Namen zu geben, den nur

Sie kennen: Ihr magischer Besen hat nämlich, wenn Sie ihn vor die Haustüre stellen, eine hohe Schutzfunktion. An diesem Tag werden leckere Kuchen und Hörnchen gebacken, die während der Ritualfeier verspeist werden.

25. März   Fest der slawischen Göttin Mati

Mati ist die Erdmutter der Slawen, in deren Ländern die Erde an sich schon heilig ist. Man erkennt das u. a. daran, dass die Erde vor dem 25. März nicht bearbeitet werden durfte. Bis zu diesem Zeitpunkt ist Mutter Erde schwanger und muss in Ruhe gelassen werden: Schwangere Frauen belästigt man nicht. Am 25. März wird das Fest der Wiedergeburt der Natur gefeiert, und die Bauern beginnen mit der Feldarbeit.

31. März   Fest der großen römischen Göttin Luna

Luna, bei den Griechen Selene genannt, ist die Göttin des Mondes. Sie ist die Beschützerin der Schlafwandler und der Mondsüchtigen. Wir alle sind vom Licht und der Energie des Mondes beeinflusst. Feiern Sie daher an diesem Tag die Kraft der Mondenergie, laden Sie Ihre magischen Utensilien auf, und setzen Sie sich mit Freunden an ein schönes Lagerfeuer. Bitten Sie Luna um ein erfolgreiches, gesundes Jahr. Tanzen und singen Sie um das Feuer herum, zu Ehren Lunas; sie wird Ihnen das ganze Jahr zur Seite stehen.

Mittlerweile wird selbst von der Wissenschaft nicht mehr abgestritten, dass der Mond auf Körper und Psyche des Menschen einwirkt.

Die Göttin Luna in einem Gemälde von Evelyn De Morgan (1855–1919).

April

Der Name dieses Monats leitet sich von »Aprilis« ab, einer anderen Bezeichnung für Aphrodite. Aphrodite – die Göttin der Schönheit und der Liebe, der Sinnlichkeit und Romantik. Sie ist die Schöpferin, die in allem, was lebt, ob Mensch oder Tier, den Wunsch nach Zärtlichkeit und die Begierde weckt, die für den Fortbestand aller Dinge sorgt.

April ist der Monat der Reinigungen und der Aktivitäten – räumen Sie in diesem Monat mal gründlich auf, egal ob in Haus, Hof oder Garten.

Veneralia

Dies war ein Fest zu Ehren der Venus, wie sie von den Römern genannt wurde. Es fand jedes Jahr am 1. April statt. Die Frauen reinigten alle Statuen der Venus sorgfältig und schmückten sie dann mit frischen Blumen, vor allem Rosen. Üblich soll es an diesem Tag auch gewesen sein, dass sich die Frauen mit Myrtenzweigen schmückten und sich in den öffentlichen Bädern der Männer entblößten, wobei sie die Göttin baten, die Männer blind gegenüber ihren Unzulänglichkeiten werden zu lassen.

Auch Sie können im April die Venus und damit die weibliche Schönheit und Sexualität ehren – vor allem aber Ihren Körper. Schauen Sie nicht nur auf Ihre vermeintlichen Schwachstellen. Akzeptieren und lieben Sie sich so, wie Sie sind. Pflegen Sie Ihren Körper liebevoll, kämpfen Sie nicht gegen ihn. Ehren Sie Venus in diesem Monat mit Myrtenzweigen und Rosenblüten.

Feiern auch Sie die Rückkehr des Lebens. Laden Sie zu einem Frühlingsmahl ein. Schmücken Sie Ihr Heim mit Frühlingsblumen und blühenden Zweigen. Servieren Sie einen köstlichen Kräuterquark, vielleicht zu neuen Kartoffeln und dem beliebten Frühlingsgemüse, dem Spargel.

Der April macht bekanntlich, was er will. Folgen Sie seinem Beispiel, und entdecken Sie Seiten an sich, die Sie bisher gar nicht kannten. Erforschen Sie Ihr Inneres. Das wird die spannendste Expedition Ihres Lebens.

Eine Zen-Meditation

◉ Befassen Sie sich in diesem Monat einmal mit den Lehren des Zen, des Taoismus oder des Hinduismus; suchen Sie die Stille, vereinfachen Sie Ihr Leben, indem Sie sich von Dingen, Gewohnheiten oder auch Menschen verabschieden, die Sie belasten und Ihnen Energie rauben.

◉ Experimentieren Sie mit dem Begriff »Zen«, bringen Sie Einfachheit in Ihr Leben, in Ihre Wohnung, Ihre Nahrung, Ihre Kleidung. Tragen Sie versuchsweise nur ein oder zwei Farben, essen Sie simple Gerichte, räumen Sie Schnickschnack aus Regalen, von Nachttischen und anderen Ablageflächen, werfen Sie überflüssig gewordene Möbel weg.

◉ Leben Sie nur in diesem Moment, üben Sie Achtsamkeit bei allem, was Sie tun.

Um die für das Wohlbefinden so enorm wichtige innere Gelassenheit zu erlangen, bedarf es regelmäßigen Meditierens.

Botschaft:	Zen – weniger ist mehr
Tierkreiszeichen:	Widder
Organe und Körperteile:	Kopf
Element:	Feuer
Bachblüte:	Wild Oat – Konzentration auf das Wesentliche
Stein:	Weißer Topas
Aromatherapie:	Minze, Myrthe

Klarmacher – Drink des Monats

In diesem Monat möchte ich Ihnen ein ganz einfaches Getränk vorstellen. Nehmen Sie den Klarmacher am besten jeden Morgen zu sich, und Sie werden schon bald von neuen Ideen und Visionen strotzen. Kochen Sie dazu, je nach Bedarf, Wasser auf, und geben Sie frische Melissenblätter dazu. Lassen Sie den Sud kräftig ziehen, am besten über Nacht. Am nächsten Morgen geben Sie dann noch 1 TL Agavensirup hinzu und trinken ein Glas.

Volksweisheiten der weisen Frauen

◉ Der 30. April ist reich an Schicksalsdeutungen. Regnet es an diesem Tag, gibt es ein unfruchtbares Jahr, regnet es in der Nacht, kommt ein gutes Jahr. Kinder, die an diesem Tag geboren werden, gehören den Hexen. Punkt Mitternacht verwandelt sich alles Wasser, aber nur wenige Augenblicke lang, in Wein – aber nur wer Farnkrautblüte bei sich trägt, kann es schöpfen. In der Nacht kann man durch Zaubersprüche seine Ziele erreichen, und mit dem Morgentau soll man besonders gut hexen können. Im betauten Gras des Morgens nackt sich zu wälzen schützt vor Verhexung, Krätze, Ungeziefer und dergleichen.

◎ Sich mit Morgentau zu waschen vertreibt die Sommersprossen.

◎ Zweige des dem Donar geweihten Ebereschenbaumes werden in der Nacht über die Haus- und Stalltüren gesteckt, um den fliegenden Drachen abzuhalten. Mit den bei Sonnenaufgang geschnittenen Ebereschenzweigen werden die Kühe auf das Kreuz geschlagen, damit sie viel Milch geben.

◎ Wenn man abends von den vier Ecken eines fremden Ackers stillschweigend eine Hand voll Klee mit nach Hause nimmt, so hat man das ganze Jahr den Klingelbeutel voll.

◎ Auf nassen April folgt ein trockener Juni.

◎ Wen der März nicht will, den nimmt der April.

◎ Aprilregen – großer Segen.

◎ Ist der April schön und rein, wird der Mai dann wilder sein.

◎ Ein nasser April verspricht Früchte viel.

◎ Aprilflöcklein bringen Maiglöcklein.

◎ Sind die Reben um Georgi (24.) noch blind, so freut sich Weib und Kind.

◎ Wenn an Georgi (24.) das Korn schon so hoch geworden ist, dass sich ein Rabe darin verstecken kann, so soll eine gute Ernte zu hoffen sein.

> Die Dämmerung, die Zeit der Dunkelheit und des Zwielichts, eignet sich besonders gut für magische Rituale.

Die traditionellen Feste und Rituale der Großen Göttinnen im April

15. April Fest der römischen Göttin Tellus Mater

Tellus Mater ist die römische Erdmutter. Am 15. April wurde im alten Rom eine trächtige Kuh geopfert, um die Göttin Tellus Mater für das kommende Jahr gütig zu stimmen, auf dass sie große Fruchtbarkeit hervorbringe.

Sie ist die Mutter, aus der alles Leben kommt und in deren Leib es wieder zurückkehrt. Sie sieht auch alles, was auf der Erde vor sich geht, und es ist nicht ratsam, sie zu erzürnen.

19. April Fest der römischen Göttin Ceres

Ceres ist die Schutzgöttin der Pflanzen. Sich bewusst den Pflanzen zuzuwenden und sich mit ihnen zu beschäftigen schafft ein Gefühl der tiefen Verbundenheit mit der Natur.

Ceres galt den Römern ebenfalls als Erdmutter. Während Tellus Mater die Erde selbst darstellt, ist Ceres diejenige, die die Kraft zur Verfügung stellt, um die Pflanzen wachsen zu lassen, und ihnen die für den Menschen wichtigen Nährwerte mitgibt. Seit dem 6. Jahrhundert v. Chr. wurde sie mit der griechischen Göttin Demeter gleichgesetzt. Auf dem Hügel Aventin in Rom errichtete man Ceres einen Tempel, in dem sie vor allem vom einfachen Volk verehrt wurde. Am 19. April ist ihr Feiertag, das Fest »Ceralia«. An diesem Tag werden Rituale zum Schutz der Pflanzen und Ackerfrüchte durchgeführt. Man bittet um ein gesundes und von Krankheiten und Tierschäden unbehelligtes Wachstum.

22. April Fest der babylonischen Göttin Ishtar

Die Babylonier verehrten Ishtar als Göttin der Liebe, der (geschlechtlichen) Fruchtbarkeit, des Lebens und des Mondes. Ihr kriegerischer Charakter stand im assyrischen Kult im Vordergrund. Nachdem ihr Gefährte, der Gott der Vegetation, gestorben war, stieg sie in die Unterwelt hinab, um ihn zurückzuholen. Auf ihrem Weg

Im April gibt es zahlreiche Feste, bei denen Blumen und das zarte Grün des Frühlings geehrt werden.

musste sie an jeder Pforte ein Kleidungsstück ablegen, bis sie zum Schluss ganz nackt war. In der Unterwelt angekommen, wurde ihr Wunsch endlich erhört, und sie bekam ihren Geliebten zurück. Diese Begebenheit versinnbildlicht zum einen die verschiedenen Mondphasen, zum anderen aber auch Geburt, Wachstum und Tod der Natur und des Lebens im Jahreskreislauf.

28. April Fest der römischen Göttin Flora

Flora ist die römische Göttin des Frühlings und alles Blühenden. Da zahlreiche blühende Pflanzen Ähnlichkeit mit den weiblichen Geschlechtsteilen haben, ist Flora gleichzeitig auch die Schutzpatronin der körperlichen Liebe und der Prostituierten. Vom 28. April bis Ende Mai wurde ihr zu Ehren in Rom ein groß angelegtes Fest mit öffentlichen Orgien gefeiert.

30. April Fest der Göttin Tanit
und ihres Gefährten Bel

Beltane, auch unter dem Namen Walpurgisnacht bekannt, ist eines der größten Hexensabbatfeste des Jahreszyklus. Bel, der Gott des Lichtes, vereinigt sich mit Tanit, der Herrin der Nacht. Es ist die Vereinigung zweier Hälften, die zusammengehören, um eine Einheit zu bilden, aus der die nächste Kraft entspringen kann. Diese Nacht wird traditionell sehr ausgelassen gefeiert mit einem großen Feuer, über das die Liebenden springen sollen, um ihre Liebe zu festigen; diejenigen, die sich wünschen, dass ihnen die große Liebe bald über den Weg läuft, springen alleine. Frauen schmücken sich mit Blumen im Haar und farbigen Bändern. Sie können auch Ihre Bäume im Garten mit farbigen Bändern schmücken und Ihr Haus mit Blumen und Kerzen dekorieren. Besorgen Sie sich magische Kräuter und Blumen, und schreiben Sie Ihre Wünsche für das kommende Jahr auf ein Stück Pergamentpapier. Werfen Sie dieses Papier mit Kräutern und Blumen in das Feuer, während Sie über die Glut springen. All Ihre Wünsche werden in Erfüllung gehen. Feiern Sie ausgelassen mit Musik, Tanz, Gesang, Wein und Kuchen.

Der wilde Zauber der Walpurgisnacht wurde von vielen Dichtern besungen. Goethe – im ›Faust‹ – war nur einer von ihnen.

Mai

In diesem Monat zeigt sich die Natur in ihrem schönsten Kleid. Wir sind umgeben von frischem Grün, süßem Blütenduft und einer atemberaubenden Farbenpracht. Ist es da ein Wunder, dass bereits die Nacht zum 1. Mai eine ganz besondere ist?

Beltane (Maifeiertag)

In vielen Ländern ist es Brauch, einen Maibaum aufzustellen. Auch wenn so mancher es nicht gerne hören mag, aber dieser Baum ist ein Phallussymbol, und die Bänder, die wir in den Händen halten und mit ihnen um den Baum tanzen, repräsentieren das Weibliche. Seinen Ursprung hat der Maibaum aber wohl in früher Zeit, als die Menschen heilige Bäume verehrten.

In diesem Monat begegnet uns die Göttin noch in ihrem jungfräulichen Aspekt. Aus diesem Grund wurden auch keine Ehen im Mai geschlossen. Wie alles in der Natur heranreift und wächst, so befindet sich auch die Göttin noch auf dem Weg zur Frau.

Genießen Sie den Mai, einen der schönsten Monate. Verwöhnen Sie Ihre Seele, begeben Sie sich in die Natur, und nehmen Sie ihre Pracht mit allen Sinnen wahr.

Das Blütenfest der Flora

Ehren Sie im Mai die Blütengöttin Flora (ihr Fest wird bis Ende Mai gefeiert). Sie hat uns die schönsten Blumen mit ihren berauschenden Düften und vielfältigen Farben geschenkt. Sie lässt aber auch das Getreide wachsen, verwandelt die Blütenpracht der Bäume in saftige, süße Früchte, sie erweckt in uns die Leidenschaft und betört unsere Sinne. Wenn Sie einen Garten haben, so legen Sie doch für Flora ein Blumenbeet an, so vielfältig und bunt wie nur möglich. Flora liebt es, in dieser Pracht zu wandeln.

Laden Sie Ihre Freundinnen zur Maibowle im Garten ein. Schmücken Sie sich selbst und den Tisch mit Blumenkränzen und Girlanden. Tragen Sie duftige Stoffe, die schon ein sanfter Lufthauch bewegt.

Gestalten Sie in diesem Monat auch Ihren Altar ganz besonders üppig mit den unterschiedlichsten Girlanden aus den Blüten, die gerade zu blühen beginnen, und mit frischem Maigrün.

Das Feuerfest der Bona Dea

Ist Ihnen am 1. Mai nochmals nach einem ausgelassenen Fest zumute? Versammeln Sie Ihre Freundinnen um sich – Männer sind heute nicht zugelassen –, und entfachen Sie ein großes Feuer zu Ehren der »Guten Göttin« Bona Dea. Seien Sie ausgelassen und guter Dinge, feiern Sie ein rauschendes Fest zu Ehren alles Guten, das Bona Dea symbolisiert.

Der Mai ist der Monat der Liebe. Jetzt wird geflirtet, jetzt spazieren die verliebten Paare Händchen haltend durch die Natur, die in ihrer ganzen Pracht erstrahlt. Überall grünt und blüht es. Überall ist Liebe. Bei Ihnen nicht? Dann wird es Zeit, Ihr Herz zu öffnen und Liebe, Sinnlichkeit und Erotik (wieder) in Ihr Leben zu lassen.

◎ Stellen Sie sich nackt vor einen großen Spiegel. Was gefällt Ihnen an sich, was hingegen mögen Sie nicht? Was können Sie ändern und verbessern?

◎ Überlegen Sie, was Sex für Sie bedeutet. Können Sie ihn genießen? Können Sie Phantasien ausleben, oder sind sie Ihnen eher peinlich? Es gibt interessante Literatur über die weibliche Sexualität. Wählen Sie ein Buch, das Ihnen zusagt, und gehen Sie auf Entdeckungsreise.

◎ Machen Sie den Mai zu einem Fest der Sinne und der Erotik. Gehen Sie mit so vielen Männern aus, wie Sie wollen und es Ihnen Vergnügen macht, spielen Sie die Liebesgöttin, servieren Sie Erdbeeren mit Sahne und Maibowle, sprechen Sie Männer an, flirten Sie mit dem Dunkelhaarigen am Nebentisch, geben Sie dem tollen Typ in der U-Bahn Ihre Telefonnummer – diesen Monat über ist alles nur ein unverfängliches Spiel.

> **Haben Sie einen Wunsch, der sich um die Liebe dreht? Notieren Sie ihn auf ein Stück Pergamentpapier, und vergraben Sie den Wunschzettel unter Ihrem Lieblingsbaum.**

Botschaft:	Das Spiel mit dem Feuer
Tierkreiszeichen:	Stier
Organe und Körperteile:	Hals, Nacken
Element:	Erde
Bachblüte:	Water Violet – öffnet für die Liebe
	Gentian – lässt alles leichter werden
Stein:	Bernstein, Rosenquarz, Bergkristall
Aromatherapie:	Rose, Jasmin, Galbanum

Erdbeerromanze – Drink des Monats

Für dieses Getränk benötigen Sie ein paar frische Erdbeeren. Schneiden Sie diese klein. Geben Sie nun frische Sahne, Milch und die Erdbeeren in ein Glas. Zum Abschluss geben Sie noch eine Kugel Vanilleeis darauf und nehmen das Ganze als Nachtisch oder Zwischenspeise ein.

Volksweisheiten der weisen Frauen

◎ Das Pfingstfest verkündet den Sommer; bunte Bänder und vergoldete Eier werden oft damit verbunden. Der blumenbekränzte Pfingstochse ist ein altes heidnisches Opfer. Das Pfingstwasser hat heilende Wirkung, und der Pfingsttau ist die gesteigerte Bedeutung des Maientaus. Am Pfingstfest muss man die Haustüre lange offen stehen lassen, dann kommen die Glücksgeister ins Haus.

◎ In der Nacht vom Pfingstsonntag auf Pfingstmontag setzt sich der Bursche oder das Mädchen einen Kranz von neunerlei Blumen aufs Haupt, um die Zukünftige oder den Zukünftigen zu erkennen.

◎ Der dem Pfingstfest vorangehende Himmelfahrtstag steht als ein heiliger Donnerstag in Beziehung zu Donar. Kräuter, vor Sonnenaufgang nüchtern und schweigend gepflückt, haben große Heilkräfte. Kränze von weißen und roten Blumen werden in die Stuben und über die Stalltüren gehängt zum Schutz gegen Unheil und Blitz.

◎ Man darf am Himmelfahrtstag nicht nähen, sonst schlägt in dem Jahr der Blitz ein.

◎ Abendtau und Kühl' im Mai, bringt viel Wein und auch viel Heu.

◎ Maikäferjahr – gutes Jahr.

◎ Frühe Donner – später Hunger.

◎ Schöne Eichenblüte deutet auf ein fruchtbares Jahr.

◎ Wenn zur Blütezeit des Getreides heftige Winde auftreten, gibt es wenig Körner.

◎ Ist's auf Himmelfahrt schön und rein, so deutet dies auf vielen Wein.

◎ Wie das Wetter am Himmelfahrtstag, so auch der ganze Herbst sein mag.

◎ Pfingstregen – Weinsegen.

◎ Maientau macht grüne Au; Maienfröste – unnütze Gäste.

◎ Viel Gewitter im Mai, singt der Bauer Juchhei.

Zur Pfingstzeit wachsen viele schöne Blumen, die auch bei Ihren Ritualen eine entscheidende Rolle spielen können.

Die traditionellen Feste und Rituale der Großen Göttinnen im Mai

1. Mai Fest der griechischen Göttin Maia

Maia ist die griechische Göttin des Nachthimmels. Sie ist Seherin sowie Hebamme und gilt als die Großmutter der Magie. Der Monat Mai als Symbol der Geburt und der Reinkarnation wurde nach ihr benannt. Ihr Festtag ist der 1. Mai. Er wird heute noch in Form unseres Maifestes ausgelassen begangen.

4. Mai Fest der irischen Göttin Sheila na Gig

Sheila na Gig ist wohl eine der lüsternsten Göttinnen Irlands. Sie symbolisiert Leben und Tod. Ihr Name bedeutet »Hexe« oder »hässliches altes Weib«. Das ist sie im wahrsten Sinne des Wortes, denn ihr grinsendes, skelettartiges Gesicht flößt nicht gerade Vertrauen ein, und ihre riesigen Gesäßbacken und vollen Brüste stehen dazu in vollem Kontrast. Doch am meisten in Erinnerung geblieben ist ihre Selbstentblößung und wie sie mit beiden Händen ihre Vagina offen hält. Sie steht für Herausforderungen, Lachen, Leidenschaft, Tod und Geburt. Sie ist auch die Beschützerin der Armen. Wenn man die Kleidung zu Ehren ihres Tages auf einen Weißdornbusch legt, so wehrt man Armut ab. Denken Sie daran, heute könnte auch ein guter Tag sein, einmal etwas Gutes zu tun. Spenden Sie den Ärmsten dieser Welt, und zünden Sie eine weiße Kerze an für Liebe und Lachen auf unserer Erde.

6. Mai Fest der irischen Göttin Inghean Bhuidhe

Inghean Bhuidhe ist die irische Göttin des Sommeranfangs. Wörtlich übersetzt bedeutet ihr Name »gelbhaariges Mädchen«. Der 6. Mai gilt in Irland als Beginn des Sommers und ist somit der Tag dieser Göttin. In ländlichen Gebieten wird er heute noch nach alter Tradition gefeiert, indem an einem heiligen Brunnen Rituale zu ihren Ehren abgehalten werden.

18. Mai Fest des griechischen Gottes Pan

Pan ist der griechische Hirten- und Waldgott. Er wird dargestellt mit halb tierischem Kopf, Bockshörnern, -ohren und -beinen, einer krummen Nase, mit Bart, rauer Behaarung und einem Schweif. Der

Sage nach entfloh seine Mutter vor Schreck nach seiner Geburt, weil er so hässlich war. Für die Hexen ist er allerdings der Prototyp des idealen Mannes: Er ist wild und sanftmütig zugleich, er weiß sich geschickt zu wehren und stellt trotzdem das Wohl seiner Geliebten über alles. Sein markerschütternder Schrei schlägt jeden Feind in die Flucht, sein verzauberndes Flötenspiel, dem die zarteste Töne hervorlockende Panflöte ihren Namen verdankt, zieht alle Frauen an. Ehren Sie diesen Tag des Gottes Pan, indem Sie in der freien Natur einen Altar aufstellen und seine Gegenwart erbitten. Er wird dieser Aufforderung bestimmt Folge leisten.

25. Mai   Fest der chinesischen Muttergöttin Tao

Die große chinesische Muttergöttin Tao ist in Japan unter dem Namen Dao bekannt. Sie ist die ewige Führerin des Alls, die Gebärerin des Lichtgottes und der Erdgöttin. Sie bringt die Polarität, Yin und Yang, den Ausgleich der Kräfte. Sie verkörpert das verborgene Mysterium, sie ist der Ursprung aller Dinge, der heilige Gral. Im Tarot entspricht dieser mütterlichen Gestalt das Ass der Kelche. Nutzen Sie die Energien dieses Tages, und feiern Sie gemeinsam mit Ihrem Partner in der freien Natur. Füllen Sie einen Picknickkorb mit allen möglichen Köstlichkeiten, vergessen Sie das fein duftende Massageöl nicht, und verwöhnen Sie sich gemeinsam nach den tantrischen Lehren (siehe Seite 165: Liebeshexereien).

Auch asiatische Gottheiten, wie die chinesische Göttin Tao, können in unserem Jahreskreislauf durch zu ihnen passende Rituale geehrt werden.

Der griechische Gott Pan in einem Gemälde von Sir Joseph Noel (1821–1901).

Juni

In diesem Monat, der uns mit warmen Tagen und langen lauen Nächten verwöhnt, zeigen sich die ersten Früchte unserer Arbeit, wie sie im Januar geplant und im März vorbereitet worden sind und im Mai erstmals erahnbar wurden. Es gibt in diesem schönen Monat viel zu feiern: die Hochzeit der Jungfrau mit ihrem Liebsten und die kürzeste Nacht des Jahres fallen in diesen Zeitraum.

Ein Hochzeitsfest

Die Griechen verehrten die Göttin Hera als Göttin der Ehe. Sie beschützt die Eheleute und wacht aufmerksam über deren Treue zueinander. (Bekanntermaßen hat es ihr Ehemann Zeus damit ja nicht sehr genau genommen, sie kennt also das Problem.) Am 2. Juni begehen wir das Fest der Hera; der Juni ist also ein guter Monat zum Heiraten.

Freundschaften und Vereinigungen, Hochzeiten und Tanzveranstaltungen – all das findet vorzugsweise im Juni statt. Nicht zuletzt ist der Juni der Monat der magischen Mittsommernacht.

Der Abend zuvor

In manchen Teilen der Welt bereiten sich Braut und Bräutigam, vielfach getrennt, auf den großen Tag durch Meditation über diesen neuen Lebensabschnitt vor, oftmals begleitet von Freundinnen und weiblichen bzw. Freunden und männlichen Familienmitgliedern. Vielerorts ist aus dieser schönen Sitte allerdings nur mehr ein Trinkgelage geworden. Wäre es nicht viel schöner, diesen wichtigen Abend ganz im Bewusstsein seiner besonderen Bedeutung zu verbringen?

Laden Sie also als Braut Ihre liebsten Freundinnen, Ihre Mutter und andere weibliche Familienmitglieder ein, aber auch die Mutter und Schwestern des Bräutigams. Sitzen Sie im Kreis, lassen Sie einen Kelch mit Wein wandern, aus der jede einen Schluck nimmt und somit zum festen Mitglied »Ihres Kreises« wird – eines Kreises von Frauen, die Sie bei diesem Schritt begleiten und Ihnen auch nach der Hochzeit mit Rat und Tat zur Seite stehen. Dies gleicht fast dem Gelübde, das Sie Ihrem zukünftigen Ehemann gegenüber abgeben werden! Lassen Sie als Erstes Ihre Mutter zu Worte kommen und dann alle anderen. Hören Sie den gestandenen Ehefrauen und deren Ratschlägen aufmerksam zu – und auch den ledigen Frauen und deren Träumen und Ängsten.

Schmücken Sie den Raum vor der Zusammenkunft mit Myrte, Jasmin und Zypressenzweigen, und räuchern Sie mit ein bisschen Beifuß. All diese Pflanzen werden der Göttin Artemis zugeordnet, die über Kinder und Jungfrauen wacht. Vielleicht möchten Sie Artemis ja auch durch ein Gebet anrufen und sie gemeinsam um ihren Beistand bitten. Zum Essen und Trinken eignen sich Rotwein, Obstsalat mit Nüssen und Vanillesauce, Mittelmeergerichte mit Tomaten, Zucchini, Oliven, Oregano; Blattsalat mit Gurken und Wildkräutern wie Löwenzahn.

Wenn Sie Single sind, nutzen Sie die Energien des Juni, um sich die Karten legen zu lassen; dann wissen Sie, ob Ihnen bald eine neue Liebe begegnen wird.

Der große Tag

Ob Standesamt und Sektempfang, Märchenhochzeit in Weiß oder Heiratskapelle in Las Vegas mit Plastikblumen – wie Sie diesen Tag zelebrieren wollen, bleibt natürlich Ihnen überlassen. Aber wenn Sie in der alten Tradition der Göttinnen und Götter sich mit Ihrem Partner verbinden wollen, dann gibt es einige sehr schöne Wege, diesen besonderen Tag zu begehen.

Auch wenn Sie um das Standesamt nicht herumkommen werden – Sie können die Trauungszeremonie in Anwesenheit der Göttin ja vor den Termin der standesamtlichen Trauung legen. Eine solche Zere-

Der Ring, ein Symbol für Verbundenheit und Unendlichkeit. Beim Hochzeitsritual festigt das Anstecken der Ringe die Beziehung.

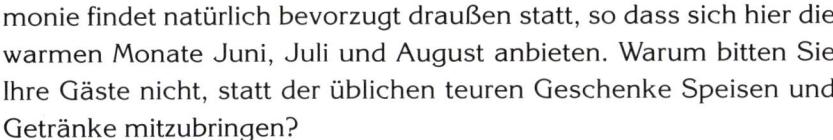

monie findet natürlich bevorzugt draußen statt, so dass sich hier die warmen Monate Juni, Juli und August anbieten. Warum bitten Sie Ihre Gäste nicht, statt der üblichen teuren Geschenke Speisen und Getränke mitzubringen?

Schmücken Sie den Ort, an dem Ihre Trauung stattfinden soll, und den Altar, den Sie für die Hochzeitsgöttin Hera aufbauen, mit Blumen, Girlanden, Lichterketten, Fackeln, Kerzen und Symbolen der Göttin. Lassen Sie dann Ihre Gäste einen Kreis um den Altar herum bilden. Auf diesem stehen zwei weiße kleinere brennende Kerzen und in der Mitte zwischen ihnen eine größere rote Kerze, die nicht angezündet ist.

Beide Partner betreten den Kreis von zwei einander gegenüberliegenden Seiten aus und stellen sich nebeneinander vor den Altar. Dann wenden sie sich einander zu, und der Mann beginnt als Erster mit seinem Gelöbnis. Es können allgemein übliche oder auch Worte mit sehr persönlicher Bedeutung sein. Nach dem Gelöbnis der Frau stecken sich beide gegenseitig die Ringe an. Dann nimmt jeder eine der weißen Kerzen in die rechte Hand. Beide führen die Kerzen so zur roten Kerze, dass sich die Flammen der weißen Kerzen vereinen, und entzünden so die rote Kerze. Diese steht für das »Wir«, zu dem das weibliche und männliche »Ich« in einer Flamme verschmolzen sind. Die beiden können jetzt noch einige Worte gemeinsam sprechen, sich dann aufrichten und jeweils die weiße Kerze des anderen ausblasen. Hand in Hand verlassen dann beide den heiligen Kreis der Zeugen ihrer Vereinigung vor der Göttin.

Jetzt ist der Zeitpunkt der Glückwünsche und Umarmungen gekommen, des gemeinsamen Feierns mit Essen, Trinken und Tanz.

Hochzeitsrituale werden für das Paar zu einem unvergesslichen Erlebnis und steigern den Wert der Verbindung.

Die Zeit der Fülle

Der Sommer ist da und mit ihm laue Abende, an denen es gar nicht dunkel zu werden scheint. Das Leben spielt sich draußen ab – im Garten, auf dem Balkon, im Straßencafé und im Biergarten. Es gibt frisches Obst und Gemüse im Überfluss. Die Badesaison beginnt, und auch in der Stadt, auf den Straßen zeigen die Frauen, zur Freude der Männer, viel Haut. Auf diese heitere Jahreszeit sollten Sie sich gut einstimmen.

◎ Widmen Sie sich also im Juni ganz besonders Ihrem Körper; machen Sie aus Ihrem Bad einen Spaß, nutzen Sie das reiche

Angebot an frischen Früchten und Salaten. An diesen warmen Tagen fällt Ihnen gesunde Ernährung viel leichter als im Januar, als das Teil Ihrer guten Vorsätze war.

◎ War viel los in den letzten Monaten? Verbringen Sie warme Nachmittage am Wochenende mit einer Siesta im Schatten.

◎ Sommer ist Lebensfreude pur. Überlegen Sie in diesem Monat, was für Ihr Wohlbefinden wichtig ist, was Ihnen Spaß macht. Stellen Sie eine Liste auf mit Dingen, die Ihnen in der Vergangenheit Freude gemacht haben: Wann haben Sie zuletzt richtig Spaß am Leben gehabt? Letzte Woche, vorgestern? Suchen Sie sich zwei Aktivitäten aus, und planen Sie diese für die nächste Woche oder das kommende Wochenende ein. Lassen Sie sich nicht davon abhalten!

In unserer hektischen Zeit vergessen wir allzu oft, uns auch einmal selbst etwas Gutes zu tun. Gerade der Sommer ist geeignet, um sich um sein eigenes Wohlbefinden zu kümmern.

Botschaft:	Lebe lieber unbeschwert
Tierkreiszeichen:	Zwillinge
Organe und Körperteile:	Schultern, Arme und Hände
Element:	Luft
Bachblüte:	Olive – bei Erschöpfung
	Mustard – schenkt Lebensfreude
Stein:	Aventurin, Rubin
Aromatherapie:	Bergamotte, Rosmarin, Geranie

Summertime – Drink des Monats

4 Aprikosen, 300 g Kirschen (entsteint), 250 ml Apfelsaft. Kirschen entsaften und mit dem Apfelsaft vermischen. Gemeinsam mit den klein geschnittenen Aprikosen im Mixer verquirlen. Saft in langsamen Schlucken genießen.

Volksweisheiten der weisen Frauen für die Johannisnacht

◎ In der Johannisnacht werden an Türen und Fenstern am Abend Kreuze gemacht, alle Öffnungen und Ställe sorgfältig geschlossen; vor die fest verschlossene Türe wird ein alter Besen gelegt, um den umherziehenden bösen Geistern den Eingang zu verwehren.

◎ Das ganze Haus wird mit zauberkräftigen Kräutern und Blumen versehen, dann erfreut man sich das ganze Jahr guter Gesundheit.

@ Keine Wäsche im Freien lassen, weil der, welcher sie dann auf dem Leibe trägt, das ganze Jahr kein Glück hat.

@ Wer einen Baum besteigt, fällt herunter.

@ Zwischen 11 und 12 Uhr mittags findet man unter Klettenwurzeln oder unter Beifußpflanzen Kohlen, welche gegen allerlei Krankheiten und andere Übel wirksam sind und das Haus vor Blitz und das Korn vor Würmern bewahren.

@ Wünschel- und Zauberruten können nur an diesem Tage geschnitten werden.

@ Tag und Nacht sind günstig für Zauberkuren und verschiedenem Glückszauber.

@ Des Nachts gepflücktes Johanniskraut, am besten von neun oder sieben verschiedenen Pflanzen, schützt gegen Feuer, Gewitter und böse Geister.

@ Unters Kopfkissen gelegt, zeigt das Johanniskraut im Traum, was man für einen Mann, eine Frau bekommt. Unter dem Kopfkissen getrocknet, wird es zur Heilung von krankem Vieh gebraucht.

@ Wer die nur in dieser Nacht zu findende Blüte des Schlangenkrautes bei sich trägt, kann verborgene Dinge erkennen.

@ Farnkrautblüte oder Samen aus dieser Nacht sind ein wichtiges Zaubermittel.

Johanniskraut spielt eine wichtige Rolle für Rituale; sein Öl eignet sich gut für Duftlampen oder zum Salben der Ritualkerzen.

Dem im Juni gepflückten Johanniskraut wird ungeahnte Heilkraft nachgesagt.

Die zwei Tage des Neumonds sind, ähnlich wie die Phase des abnehmenden Monds, ideal für Fastentage oder den Beginn einer Diät. Ihr Körper wird entgiftet und entschlackt, und Sie fühlen sich wie neugeboren.

◎ Der Johannistau gibt Kräutern und Blüten Heilkräfte und vertreibt die Sommersprossen. Vor Sonnenaufgang werden daher Heilkräuter gesammelt und am Mittag Kräuter, die zur Wahrsagung dienen.

◎ Am Johannisabend mit Johanniswasser zu baden und sich zu waschen ist heilsam.

◎ Man tanzt um das Feuer, die Besen schwingend und hoch in die Luft werfend, und springt dann über das Feuer; wer hindurchspringt, kann Schätze sehen.

◎ Juni feucht und warm, macht den Bauern nicht arm.

◎ Wie die Holunderblüte, so die Rebenblüte.

◎ Wenn der Kuckuck lange nach Johannis schreit, ruft er Misswuchs und teure Zeit.

Die traditionellen Feste und Rituale der Großen Göttinnen im Juni

1. Juni Fest der römischen Göttin Carna

Carna (ihr Name ist abgeleitet von dem lateinischen Wort »carne«, das »Fleisch« bedeutet) ist die Göttin der Ernährung und sorgt für das physische Wohl des Menschen. Am 1. Juni werden ihr jedes Jahr Lebensmittel – meistens Suppen mit Speck und Bohnen, also etwas sehr Nahrhaftes – als Opfergaben dargebracht, um ihren Beistand für dauerhafte Gesundheit und körperliches Wohlbefinden zu erbitten.

2. Juni Fest der etruskischen Göttin Juno

Juno wurde bereits am 1. März gefeiert. Im Juni allerdings wird ihre Stärke geehrt. Im alten Rom wurde sie von allen Göttinnen am meisten verehrt. Damals schon brachte man sie mit dem zyklischen Wechsel der Mondgestalt in Verbindung; die Neumondtage galten als heilig. In der griechischen Mythologie entspricht ihr die Göttin Hera. Auch Juno wacht über eine gute Ehe und die gesunde Fortpflanzung der Eheleute. An ihrem Tag werden alle Frauen geehrt. Besondere Ehre gebührt den Frauen, die im öffentlichen Leben stehen, denn es ist zweifellos sehr schwer, das oberflächliche,

Der Tempel der Göttin Vesta in einem Gemälde von Antonio Colli (19. Jahrhundert)

kalte Leben einer öffentlichen Person mit der inneren liebevollen Frau zu vereinbaren. Feiern Sie diesen Tag, und zelebrieren Sie ein Erfolgsritual (siehe Seite 165: Hexenwissen, Hexenrat von A–Z). Dieses Fest stärkt unsere inneren Kräfte und weckt den Kampfgeist.

Auch bei einem Erfolgsritual ist es wichtig, den Wunsch so präzise wie möglich zu definieren. Je genauer Ihre Vorstellung ist, desto besser wird das Ergebnis.

9. Juni Fest der römischen Göttin Vesta

Vesta ist die älteste römische Göttin und zuständig für den Schutz des Feuers und des Altars. Als Herrin des Feuers und des Herdes war sie auch die Schutzpatronin der römischen Familie. Ihr eigentlicher Altar ist der häusliche Herd. Sie hatte in Rom nur ein Heiligtum: In ihrem runden Tempel hüteten ihre Priesterinnen, die Vestalinnen, das heilige Feuer, das niemals ausgehen durfte. Am 9. Juni beginnt das Fest der Vesta. Alle verheirateten Römerinnen brachten an diesem Tag am eigenen Herd zubereitete Speisen in den Tempel der Göttin. Nach den Festtagen wurde der Tempel geschlossen, gründlich gereinigt und wieder für ein Jahr geöffnet.

14. Juni Geburtstag der griechischen Musen

Mnemosyne, die Göttin der Erinnerung und des Gedächtnisses, empfing die Musen während eines neun Tage andauernden Beischlafes mit Zeus. In jeder Nacht wurde eine Tochter gezeugt. Sie gebar daraufhin neun Töchter, die den Künsten und dem heiteren Wissen verbunden sind: Klio, die Muse der Geschichte, hält meist eine Schriftrolle in der Hand; Melpomene – zuständig für das Trauerspiel – wird oft mit Dolch oder einer tragischen Maske gezeigt, während Thalias Attribut eine komische Maske ist – sie wacht über das Lustspiel. Kalliope ist die Muse des Heldengedichts, mit einer Pergamentrolle in der Hand. Terpsichore, die Tanzkunst inspirierend, spielt auf der Lyra, und Euterpe, die Muse der Dichtkunst, ist dem Flötenspiel zugeneigt. Erato singt das Glück der Liebenden in der erotischen Lyrik, während sich die ernste Polyhymnia der Hymnenpoesie widmet. Urania schließlich, die Muse der Astronomie, hält eine Weltkugel in der Hand, ein Sternenkranz umgibt ihr Haupt. Feiern Sie diesen Tag mit Freunden, tanzen, singen, dichten Sie gemeinsam. Lassen Sie sich von den neun Musen inspirieren. Sie werden erstaunt sein, was Ihnen alles einfallen wird.

17. Juni Hochzeitsfest von Eurydike und Orpheus

Die griechische Göttin Eurydike ist die Frau des göttlichen Sängers Orpheus. Sie starb durch einen giftigen Schlangenbiss. Orpheus war über ihren Tod so unglücklich, dass er ihr in das Reich der Unterwelt, in der Hades und seine Gemahlin Persephone die Herren der Toten sind, folgte. Er betörte Hades und Persephone so sehr durch seinen Gesang, dass sie daraufhin Eurydike freigaben, aber nur unter der Bedingung, dass die beiden auf dem Weg zurück in die Welt des Lichts und des Lebens nicht zurückblicken durften. Doch leider war Orpheus so neugierig und schaute doch zurück. Daraufhin sah er nur noch Eurydikes Schatten, und sie verschwand für immer im Reich der Toten.

Orpheus aber trauerte so sehr um seine geliebte Eurydike, dass er nichts mehr von Frauen wissen wollte. Doch die Frauen aus Thrakien waren von seiner Abfuhr derart beleidigt, dass sie Orpheus voller Wut und Raserei töteten. Der 17. Juni ist daher der Tag der Liebespaare, egal ob homosexuell oder heterosexuell. Zelebrieren Sie ein Liebesritual in der freien Natur, und lassen Sie sich von den besonderen Energien dieses Tages verzaubern.

Die Legende von Orpheus und Eurydike beschäftigt Künstler, Dichter und Musiker von der Antike an. Der Gesang des Orpheus ist bis heute Sinnbild für die Macht der Musik.

21. Juni Fest der lappländischen Göttin Beiwes

An diesem Tag wird das Fest der Sonnengöttin Beiwes gefeiert. Sobald die ersten Sonnenstrahlen nach der Winterzeit, in der Beiwe schläft, hervorkommen, wird ihr Nahrung zur Stärkung für den Sommer gereicht. Zur Sommersonnenwende wird Beiwe besonders geehrt, da sie nun der Natur ihre ganze Kraft zur Verfügung stellt. Wir Hexen feiern diesen Tag als ein Freudenfest, an dem Wünsche jeglicher Art geäußert werden können und man sich sicher sein kann, dass sie erhört werden. Dieser Tag fördert auch die Fruchtbarkeit, besonders bei Frauen, die Schwierigkeiten haben, schwanger zu werden. Beiwes' Fest ist generell die magischste Zeit für Wünsche. Zelebrieren Sie heute mit Freunden Glücksrituale jeglicher Art. Feiern Sie ausgelassen, und übergeben Sie Ihre Wünsche dem Kosmos. Die Schwester des Apollo galt den Griechen als die Mutter der Feldfrucht und als Garantie von Eintracht und einem langen Leben. Ihr Tempel in Ephesos zählte in der Antike zu den sieben Weltwundern. Sie wurde auch als Mondgöttin verehrt. Unter den Pflanzen waren ihr Beifuß und Fichte geweiht.

> Da die Natur zur Sommersonnenwende jetzt ihre eigene Fruchtbarkeit in vollem Umfang zeigt, gibt sie um diese Zeit auch gerne von ihrer Fülle ab.

24. Juni Fest der Johannisnacht

In der Johannisnacht, am 24. Juni, sind alle Quellen, Weiher und Brunnen voll heilsamer Kräfte. In dieser Nacht sammeln die Hexen Johanniskraut – eines der wichtigsten magischen Kräuter gegen alles Böse und Dämonische – und legen es, zu sieben kleinen Büscheln gebunden, an den heiligen Quellen und Weihern nieder. In dieser Nacht wird die große Himmelskönigin Diana geehrt.

Die lebensspendende und heilsame Kraft des Wassers wird von modernen Hexen in der Johannisnacht geehrt.

Juli

Es ist Hochsommer. Hitze, Ferien, reife Früchte, die uns direkt vom Baum in den Mund zu fallen scheinen. Pfirsiche, Kirschen, sonnengereifte Himbeeren. Aber mit dem Beginn der Ernte wird auch klar, dass wir den Höhepunkt des Jahres überschritten haben und dass wir nun wieder auf dem Weg in die zunehmende Dunkelheit sind. Das Rad dreht sich weiter, der Kreis muss sich schließen.

Das Wasserfest

Gerade in den Ländern der antiken Welt, in denen die Göttinnen und Götter verehrt wurden, war es in den Sommermonaten oft unerträglich heiß. Der Sonnengott Apollo sandte brütende Hitze auf die ausgetrocknete Erde nieder. Da wundert es nicht, dass im Juli Feiern zu Ehren des Wassergottes Neptun stattfinden, »Neptunalien« genannt, mit denen Apollo besänftigt werden sollte, indem man Neptun anrief, Regen zu senden. Nun leiden wir zwar in unseren Breiten nicht oft unter Wassermangel, aber auch wir sind betroffen von Hochwassern und ihren schlimmen Folgen. Wir können mit diesem Fest Neptun danken, dass er uns stets mit dem lebenswichtigen Nass versorgt, ihn um Regen für die Landstriche unserer Erde bitten, die veröden und den Menschen keinen Lebensraum mehr bieten, weil es vielleicht schon seit Jahren nicht mehr geregnet hat. Wir sollten auch seinen Schutz für alle erbitten, die auf seinen Meeren, Flüssen und Seen unterwegs sind und von den Schätzen der Gewässer leben. Wie Sie Neptun erfreuen? Machen Sie an einem heißen Sommertag ein Picknick an einem Gewässer. Alle Gäste tragen Kleidungsstücke in den Farben des Meeres. Lesen Sie gemeinsam die Geschichte des Neptun. Vielleicht ist ja jemand unter den Gästen im Sternzeichen der Fische geboren, dann wäre es besonders schön, wenn er oder sie allen vorliest. Es gibt interessante Literatur über Neptun und über seinen Einfluss auf unser Dasein; erzählen Sie Ihren Freunden davon. Und sicher hatte jeder schon einmal ein Erlebnis, bei dem Neptun »seine Finger im Spiel« hatte. Machen Sie alle zusammen eine Wasserschlacht, toben Sie im kühlen Nass, werden Sie Nixen und Wassermänner.

Nutzen Sie die positiven Energien des Juli für Geldrituale, um Ihre finanzielle Situation aufzubessern, oder vollziehen Sie Erfolgsrituale für Ihr Berufsleben.

Servieren Sie maritime Köstlichkeiten: gegrillte Fische, Salate mit Algen, Muscheln und Garnelen; reichen Sie kaltes erfrischendes Mineralwasser und spritzigen Weißwein und dazu Pfirsiche, das Lieblingsobst von Neptun.

Bringen Sie als Dank an Neptun eine Opfergabe dar, indem jeder etwas von seinem Mineralwasser auf die Erde gießt. Und nehmen Sie sich alle vor, in Zukunft bewusster und sparsamer mit diesem kostbaren Lebensspender umzugehen.

Das Fest der Empfängnis

Das Thema »Kinderkriegen« war noch nie ganz einfach. Mal kommt die Schwangerschaft ungewollt, mal gewünscht, mal wird sie heiß ersehnt und bleibt doch unerfüllt. Frauen früherer Zeiten, die sich ein Kind wünschten, riefen Göttinnen an. Das folgende Empfängnisritual passt thematisch sehr gut zum Fest des Neptun, das ich Ihnen gerade vorgestellt habe, denn alles Leben kommt ja aus dem Wasser. Und so ist es auch nicht verwunderlich, dass vor allem zu einer Meeresgöttin gebetet wurde, nämlich zur afrikanischen-karibischen Santeria-Göttin Yemaja, auch Yemana oder Iemanja genannt.

> Um Ihren Wunsch nach einem Kind zu bekräftigen und zu unterstützen, können Sie einen Strauß Johanniskraut bei sich tragen, während Sie durch ein Kornfeld gehen.

In Zärtlichkeit verbunden

Reinigen Sie Ihr Schlafzimmer sorgfältig, und versprühen Sie etwas Salzwasser. Nehmen Sie gemeinsam mit Ihrem Partner ein Bad in Meereszusätzen, dem Sie ebenfalls etwas Meeressalz hinzufügen. Zünden Sie im Badezimmer Kerzen an, und erzählen Sie sich gegenseitig, warum Sie sich ein Kind wünschen. Ist Ihre Liebe groß genug? Sprechen Sie auch über Ihre möglichen Ängste, über die Verantwortung für so einen Winzling. Sind Sie beide dazu bereit? Trocknen Sie sich dann liebevoll gegenseitig ab, und gehen Sie in das warme einladende Schlafzimmer, das mit Kerzen und Meeresfarben, Muscheln und weißen Blüten geschmückt ist.

Wenn Sie eine Anrufung an Yemaja vorbereitet haben, so sprechen Sie diese nun oder lesen Sie sie ab. Legen Sie sich dann beide aufs Bett, halten Sie sich in den Armen, und flüstern Sie sich leise zu, was Sie füreinander bedeuten. Lieben Sie sich sehr zärtlich und sanft, und bleiben Sie dann, so lange Sie möchten, eng umschlungen liegen. Visualisieren Sie den Moment der Empfängnis, diesen fundamentalen Augenblick, an dem neues Leben entsteht.

Unerfüllter Kinderwunsch

Sie wünschen sich ein Kind, und es will einfach nicht klappen, obwohl Ihr Arzt meint, Sie seien vollkommen gesund? Nun, vielleicht setzt Sie einfach die Tatsache, dass Sie ein Baby wollen, psychisch unter Druck. Das ist Unsinn, sagen Sie? Aber ist es nicht auch in anderen Bereichen unseres Lebens so? Warum kommt der Traumpartner meist dann, wenn wir gar nicht mit ihm rechnen? Vielleicht ist die Zeit aber auch einfach noch nicht reif? Möglicherweise müssen Sie in Ihrem Leben erst noch andere Erfahrungen machen. Denken Sie einmal genau darüber nach, warum Sie ein Kind möchten. Fällt Ihnen als Erstes Ihre Mutter ein, die sich ein Enkelkind wünscht, oder denken Sie an Ihre Freundinnen, die allesamt Kinder haben? Wenn nun in Ihrem geheimen Lebensplan keine Kinder vorgesehen sind? Wenn Sie in diesem Leben, dem vielleicht viele Leben vorhergegangen sind und dem vielleicht noch viele folgen werden, andere Aufgaben zugeteilt bekommen haben, als Mutter zu sein und Kinder großzuziehen? Dann wird es auch so sein – egal, was Sie versuchen und anstellen.

Es hilft nicht, sich allzu verkrampft etwas zu wünschen und sich auf diesen Wunsch sein ganzes Leben zu fixieren. In solchen Fällen ist Loslassen die einzige Rettung.

Ferienzeit

Erfüllen Sie sich in diesem Sommer Ihren lang gehegten Wunsch und reisen Sie an den Ort Ihrer Träume.

Im Juli zeigt sich die Natur in ihrer vollen Blüte. Dazu gehören flirrende Hitze und fliegender Samen zahlreicher Sommerblumen.

◎ Bereiten Sie sich gut auf die entspannenden Wochen vor: Lesen Sie Reiseführer, gönnen Sie sich eine schicke neue Urlaubsgarderobe, und bringen Sie sich schon zu Hause mit der passenden Musik in die entsprechende Stimmung.

◎ Es ist heiß und noch kein Urlaub? Dann sorgen Sie für Urlaubsatmosphäre: Tragen Sie luftige Kleidung in Wasser- und Türkistönen, nehmen Sie zum Haarewaschen Shampoos mit Minzezusatz, und benutzen Sie für Ihr Gesicht ein leichtes Feuchtigkeitsgel. Unter einer lauwarmen Dusche und einem Duschgel mit spritzigem Zitrusduft werden Sie schnell wieder munter, vor allem, wenn Sie danach noch ein Bodytonic direkt aus dem Kühlschrank großzügig auf Ihrem Körper verteilen.

◎ Trinken Sie nichts Eiskaltes, sondern lieber lauwarmen Pfefferminztee; essen Sie Salate oder kalte Suppen, z. B. ein Gazpacho aus Gurken, Tomaten und Paprika.

◎ Verwandeln Sie Ihre Wohnung in ein karibisches oder afrikanisches Ferienhaus, tragen Sie bunte Sarongs und Wickelröcke, hängen Sie ein Moskitonetz über Ihr Bett, kaufen Sie in einem Afrikashop ein, kochen Sie landestypische Speisen, und schließen Sie neue Freundschaften mit Menschen aus diesen Ländern, so haben Sie immer ein bisschen Urlaubsfeeling, auch wenn es bei uns draußen nebelig und kalt ist.

Egal, ob Sie im Urlaub wegfahren oder zu Hause bleiben: Genießen Sie ihn so bewusst wie möglich, denn er ist ein Jungbrunnen, von dem Sie lange zehren können.

Botschaft:	Wenn einer eine Reise tut
Tierkreiszeichen:	Krebs
Organe und Körperteile:	Oberkörperorgane
Element:	Wasser
Bachblüte:	Rock water – wenn Sie sich selbst nichts gönnen können
Stein:	Malachit, Turmalin, Granat
Aromatherapie:	Sandelholz, Neroli, Rosenholz

Urlaubsfreuden – Drink des Monats

Pürree aus dem Fleisch einer Netzmelone, 200 ml Ananassaft, Saft einer Limette. Alles im Mixer verquirlen und dann mit eiskaltem Mineralwasser auffüllen.

Volksweisheiten der weisen Frauen

◎ Wie der Juli, so der nächste Jänner.

◎ Wenn es im Juli viel donnert, so wird das Korn und die Gerste Schaden leiden.

◎ Wie das Wetter am Siebenschläfertage (10. Juli), so soll es durch sieben Wochen sein.

◎ Wenn die Sonne in den Löwen geht, die größte Hitz alsdann entsteht.

◎ Wenn die Ameisen ungewöhnlich hoch bauen, magst du nur gleich um Brennholzvorrat schauen.

◎ Wenn es um den 5. herum regnet, so verderben die Nüsse und Kastanien.

◎ Sind die Hundstage klar, so kommt ein gutes Jahr; werden Regen sie bereiten, kommen nicht die besten Zeiten.

◎ Ist's zu Jakobi (25.) hell und warm, macht zu Weihnachten der Ofen warm.

◎ Nach Jakobi (25.) ziehen die Störche.

◎ Was Juli und August im Kochen nicht taten, das lässt der September auch ungebraten.

Die Siebenschläferregel ist eine der gebräuchlichsten Volksweisheiten, die oft zutrifft.

Die traditionellen Feste und Rituale der Großen Göttinnen im Juli

2. Juli Fest der werdenden Mütter

Dieser Festtag hat für Schwangere die gleiche Bedeutung wie der Muttertag für Mütter. Er hat nur nicht den gleichen Bekanntheitsgrad, denn leider ist diese alte Tradition im Laufe der Jahrhunderte fast verloren gegangen. Zu diesem Fest überreicht man der werdenden Mutter Geschenke für ihre zukünftige Mutterschaft; sie können auch nichtmaterieller Natur sein, z. B. wenn man ihr verspricht, als Babysitter einzuspringen. Sie können an diesem Tag Fruchtbarkeitsrituale durchführen.

Hexencoven feiern diesen Tag mit gemeinsamen Meditationen, rituellen Bädern und Reinigungen, verbinden sich in der Stunde vor Mitternacht im Geistigen Circel miteinander und erbitten von der großen Mondgöttin geistige Kraft und Gnade.

3. Juli Fest der keltischen Göttin Cerridwen

Cerridwen ist die Göttin der Fruchtbarkeit. Sie wird meistens als Schwein oder in Begleitung eines Schweins dargestellt. In früheren Zeiten galt das Schwein als Fruchtbarkeitssymbol, da es sehr viele Ferkel auf einmal wirft und für den Menschen eine Hauptnahrungsquelle darstellt. Cerridwen gilt auch als Göttin der Inspiration, da sie dem berühmten keltischen Dichter Talesien mit einem Zaubertrank zu großer künstlerischer Begabung verholfen hat. Feiern Sie diesen Tag mit einem üppigen Mahl unter Freunden. Alles, was das Schwein zu bieten hat, bringt heute Glück und Reichtum. Wer unter Ihnen Vegetarier ist, der sollte das essen, was das Schwein so sehr liebt – Mais und Kartoffeln.

7. Juli Fest der japanischen/koreanischen Göttin Tanabata

Um die große Liebe zu finden oder die bestehende zu erhalten, können Sie sich selbst einen Talisman anfertigen und bei sich tragen.

Tanabata ist die Göttin der frisch verliebten Paare. Sie selbst liebt den Schäferjungen Aquila. Sie treffen sich regelmäßig einmal im Jahr, am siebten Tag des siebten Monats, um sich freudig in Liebe zu vereinen und den anderen Liebenden auf dieser Welt beizustehen und ihnen zu helfen, falls diese Schwierigkeiten mit der Liebe haben. In Korea und Japan ist es Brauch, den Namen der geliebten Person auf Pergament zu schreiben und an einen Apfelbaum zu binden, damit die Mondin und die Sterne den Namen sehen können. Zelebrieren Sie an diesem Tag ein Liebesritual, falls Ihr Liebster noch nicht so richtig anbeißen will, denn Tanabata wird Ihnen mit Sicherheit zur Seite stehen und Ihnen jeden Liebeswunsch erfüllen (siehe Seite 165: Liebeshexereien).

13. Juli Fest der griechischen Göttin Demeter

Demeter ist die mächtige Befehlshaberin der Jahreszeiten. Sie ist die Tochter der großen Rheia und selbst liebevolle Mutter von Persephone. Doch Persephone wurde eines Tages von Hades, dem Gott der Unterwelt, geraubt. Demeter war darüber außer sich und traurig. Sie lief rufend und wehklagend über die Felder, und da sie die Quelle allen Wachstums ist, entzog sie in ihrer Trauer allen Pflanzen die Energien, so dass diese zu welken begannen. Die Göttin wandelte weiter über die sterbende Erde, bis sie nach Athen kam. Dort wurde sie von der Königin von Eleusis, Metaneira, als Kindermädchen engagiert. Doch Demeter saß oft sehr traurig an einem Brunnen und weinte bittere Tränen um ihre heiß geliebte Tochter.

Als die Göttin eines Tages wieder schluchzend am Brunnen saß, kam Baubo, die Tochter der Königin Metaneira, vorbei und sah die kummervolle Demeter. Baubo wollte sie trösten, aber niemand konnte der Göttin helfen. Da entblößte sich die Tochter der Königin und zeigte der Göttin obszön ihr Geschlechtsteil. Daraufhin musste die Göttin so herzhaft lachen, wie es die geschundene Erde schon lange nicht mehr gehört hatte. Kurze Zeit später wurde ihr auch deswegen Persephone zurückgegeben, und sogleich kehrten die Jahreszeiten Frühling, Sommer, Herbst und Winter und das Wachstum auf die Erde zurück.

Feiern Sie an diesem Tag die Blüte der Natur, und zelebrieren Sie am Abend zusammen mit Ihren Freunden ein Ritual zur Auffindung vermisster Kinder. Bitten Sie Demeter um Hilfe und Beistand, dass die Kinder gesund und unversehrt nach Hause zurückkehren können. Bitten Sie für alle unsere Kinder und Eltern auf dieser Erde. Denken Sie daran: Gemeinsam können wir Großes bewirken, und gemeinsam sind wir stark!

Die Sage von Isis und Osiris ist ein Symbol für die alles überwindende Kraft der Liebe.

19. Juli Hochzeitsfest der ägyptischen Götter Isis und Osiris

Isis und Osiris, deren Kult sich von Ägypten über Griechenland bis in die entlegenen Provinzen des Römischen Reiches ausbreitete, gehören zu den berühmtesten Liebespaaren der Weltgeschichte.

Isis' Liebe zu ihrem Bruder Osiris weckte die Eifersucht ihres anderen Bruders Seth. Er tötete Osiris und zerstückelte seinen Leichnam. Isis sammelte die einzelnen Stücke, die überall verteilt waren, und fügte seinen Körper wieder zusammen. Nur der Penis fehlte und war nicht mehr aufzufinden. Isis formte für Osiris daher ein neues Glied aus reinem Gold und erweckte ihn aufgrund magischer Fähigkeiten, die sie sich als Selketh in langer Entbehrung und Lehrzeit erworben hatte, wieder zum Leben. Neun Monate später kam ihr Sohn Horus zur Welt.

August

Es ist Ferienzeit. Hitze liegt über dem Land, und das Leben steht still. Mittags, wenn es am heißesten ist, haben wir ein Gefühl, als wäre die Welt um uns herum ganz ruhig. Wir träumen von kühlen Seen, palmenbestandenen Stränden und lauen Abenden, die wir mit Freunden bei einem guten Essen genießen.

Für die Bauern jedoch ist der August ein Monat, der mit viel Arbeit verbunden ist. Die Ernte beginnt, und so mancher betet, dass die dunklen Gewitterwolken, die eine Gefahr für die Feldfrüchte darstellen, vorüberziehen möchten.

Was im Juli mit einem Fest der Empfängnis begann, setzt sich im August mit einem schönen Ritual fort.

Sammeln Sie im August die Schätze der Natur, und legen Sie sich einen Vorrat davon an. Es ist die Zeit für Rituale der Weisheit und Wahrheit.

Die Ehrung werdender Mütter

Hallo, Ihr zukünftigen Mamas! Genießt es, einmal richtig verwöhnt und gehätschelt zu werden. Lasst eure Mutter diese Feier ausrichten oder eine Schwester oder Freundin. Freut euch auf viele Geschenke und Tipps von Frauen, die bereits Mütter sind. Überlegt zusammen Namen für den neuen Erdenbürger. Wird es ein Mädchen oder ein Junge, was für ein Leben wird sie oder er wohl vor sich haben? Ladet die Göttin Juno in euren Kreis ein. Sie beschützt werdende Mütter und ihre ungeborenen Kinder und wurde stets in Verbindung mit Diana, der Mondin, geehrt, die einen solchen Einfluss auf die Frauen und ihre Fruchtbarkeit auszuüben schien. Juno hat stets ein offenes Ohr für die Ängste einer Schwangeren. Ehrt sie mit einem großen Strauß duftender Lilien.

Die Göttinnen der Augustmitte

Erscheint es Ihnen auch oft so, als wäre der August der längste Monat des Jahres? Vielleicht liegt es an der Hitze, dass aus Stunden Tage werden. So haben wir jedoch auch genügend Zeit, um die Göttinnen, derer im August gedacht wird, zu ehren. Das Grundthema dieses Monats ist das Weibliche und seine Göttlichkeit: die Schöpferkraft und Macht der Frau – der ewige Kreislauf der Geburt und des Todes. Es sind die drei Göttinnen Diana, Hekate und Isis, die uns das ganze Jahr über begleiten, jedoch im August besonders geehrt werden.

Diana

Im August ehren wir die Natur und das Leben. Wir beginnen, die Ernte des Jahres einzufahren – die Früchte unserer Arbeit und auch unserer geistigen Bemühungen.

Die »heilige Mutter«, wie ihr Name übersetzt heißt; Beschützerin der Kinder und jungen Tiere, Heilerin und jungfräuliche Mutter der Erde, Mondgöttin und Verfechterin der Gleichheit von Mann und Frau. Am 13. August pilgerten Frauen zu ihren Tempeln, wobei sich der berühmteste in Nemi nahe Rom befand. Sie schmückten ihr Haupt mit Blumenkränzen und hielten Fackelprozessionen ab. Diana lebte in ihrem heiligen Hain, zusammen mit Nymphen, wobei ihr Wohnsitz in der unberührten Natur ein Symbol für die Frau in ihrer ganz eigenen Privatsphäre ist, die niemand durchbrechen darf. Geehrt wird Diana mit Beifuß, Mohn, Myrte und Jasmin.

Hekate

Göttin der Dunkelheit, Beschützerin der Hexen; verehrt in dunklen Neumondnächten und bei Mondaufgang am 13. August. Wie Diana ist sie von Fackeln begleitet und wird mit Fackeln geehrt. Hekate symbolisiert den abnehmenden Mond. Sie kümmert sich um die Seelen der Toten und geleitet die Sterbenden. Geehrt wurde Sie an Kreuzungen von drei Wegen. Ihre Lieblingspflanzen und -kräuter sind Eisenhut, Knoblauch, Lavendel und Azalee.

Isis

Die Muttergöttin aller Menschen. Sie ist unser Anfang und unser Ende. Außerdem schenkt sie uns Glück und Erfolg, ist Beschützerin und Heilerin der Frauen, die verlassen wurden und um den Verlust ihres Liebsten trauern. Ihr ursprünglicher Name lautet Au Set – die sieben Lichter des Himmels. Rosen, Veilchen, Narzissen, Holunder liebt Isis am meisten.

Fest zu Ehren der Göttinen

Das Fest zu Ehren Dianas und Hekates fand immer am 13. August statt, das zu Ehren der Göttin Isis am 15. August. Natürlich wäre es schön, wenn beide Feste auch an den jeweils vorgesehenen Tagen stattfänden.

Laden Sie Ihre Freundinnen ein, schmücken Sie Garten und Balkon mit den Lieblingsblumen der Göttinnen. Zünden Sie, wenn es dunkel wird, Fackeln an. Besonders schön wäre ein Fest an einem See, wo Sie gemeinsam eine kleine Fackelprozession abhalten könnten. Feiern zu Ehren Hekates und Isis' wären unvollständig ohne den Versuch, einen Blick in die Zukunft werfen zu wollen. Legen Sie Tarot, lesen Sie aus den Karten und Runen, befragen Sie das Pendel.

Es sind Momente der absoluten Fülle, die wir im August genießen können. Es ist, als ob die Zeit für einen Moment stehen bliebe, bevor die nächste Entwicklung einsetzt.

Ein Monat des Überflusses

Wieder aus dem Urlaub zurück? Früher begann nun bereits die wichtige Zeit der Ernte. Wie sehen die Früchte aus, die Sie jetzt einfahren? Was haben Sie bisher in diesem Monat erreicht, und was haben Sie noch vor? Genießen Sie diesen wunderbaren Monat der überreichen Fülle an allem, was uns die Natur zu geben hat. Ein rundes Gefühl breitet sich in jedem aus.

Ende August gibt es das erste Baumobst. Es beginnt die Zeit der Ernte.

◎ Haben das Meer und die Sonne Ihre Schönheit voll zur Entfaltung gebracht? Pflegen Sie sich ganz besonders, um diese Schönheit noch bis weit in den Herbst hinein zu erhalten. Gehen Sie ab und zu ins Sonnenstudio.

◎ Wenn der Alltag Sie wieder in den Klauen hat, vergessen Sie nicht, sich auch weiterhin genügend Zeit zum Ausspannen zu gönnen. Lassen Sie »Zeit für mich« zu einem Motto werden, einem festen Termin mit sich selbst!

◎ Leisten Sie sich ein paar besondere Kleinigkeiten für diese Mußestunden, die Ihnen signalisieren, dass jetzt nur Sie im Mittelpunkt stehen; das ist ganz besonders wichtig für die Übergangsphase zwischen Urlaub und normalem Alltag.

◎ Stellen Sie auf Ihren Schreibtisch Ihr liebstes Urlaubsfoto.

◎ Machen Sie es den Südländern nach: Werden Sie langsamer!

◎ Nutzen Sie die Abende, und treffen Sie Freunde gleich nach der Arbeit im Straßencafé.

◎ Unternehmen Sie öfter mal einen Wochenend-Kurztrip.

Auch Ihre Gesundheit und Ihr Wohlbefinden können Sie mit Ritualen stärken, um gelassen dem Herbst entgegenzusehen.

Botschaft:	Urlaubsfeeling für das ganze Jahr
Tierkreiszeichen:	Löwe
Organe und Körperteile:	Kreislauf, Rücken
Element:	Feuer
Bachblüte:	Impatiens gegen Alltagshetze und Stress nach dem Urlaub
Stein:	Aquamarin, Saphir, Lapislazuli
Aromatherapie:	Neroli, Lavendel

Hitzefrei – Drink des Monats

Nehmen Sie 1 Salatgurke, 1 Cantaloupemelone und 1 Mango. Entsaften Sie die Salatgurke, und verquirlen Sie den Saft mit der Melone und der Mango im Mixer. Je nach Bedarf können Sie noch Mineralwasser hinzufügen.

Volksweisheiten der weisen Frauen

◎ Kräuter, am 15. August gesammelt und geweiht, schützen Haus und Hof, wenn sie unter dem Dach aufbewahrt werden.

◎ Mit Mariä Himmelfahrt beginnt der »Frauendreißigst« oder die »Dreißigtage«, wichtig für mancherlei Zauber. Zu dieser Zeit ist die ganze Natur dem Menschen hold; giftige Tiere verlieren ihr Gift, und wohltätige Pflanzen entfalten ihre höchste Kraft.

◎ Wie der August – so der nächste Februar.

◎ Nordwinde im August bringen anhaltend schönes Wetter.

◎ Wenn der Vollmond rein von Dünsten, hell glänzend und groß erscheint, kann man eine gute und schöne Weinlese erwarten.

◎ Verweilt die Lerche singend hoch in der Luft, verkündet sie Schönwetter.

◎ Viel Hopfen – viel Roggen im nächsten Jahr.

◎ Ist's in den ersten Wochen heiß, bleibt der Winter lange weiß.

◎ Wer im Heu nicht gabelt, in der Ernte nicht zappelt, in der Lese nicht früh aufsteht, der schau, wie's ihm im Winter geht.

◎ Im August salze das Brot wohl ein, sonst wird es dir bald schimmlig sein.

◎ Hitze an Dominikus (4.) – ein starker Winter kommen muss.

◎ Sind St. Laurenzi (10.) und Barthl (24.) schön, ist guter Herbst vorauszusehen.

◎ Mehltau ist im August sehr ungesund, weshalb man keine Früchte ungereinigt essen darf.

Die traditionellen Feste und Rituale der Großen Göttinnen im August

2. August Lammasfest der Göttin Habondias

Habondias ist die keltische Göttin des Reichtums und des Überflusses. Das Lammasfest ist daher mit einer der größten Hexenfesttage im Jahreslauf. Die erste Ernte ist nun reif – aber nicht nur die Ernte der Früchte und des Korns, sondern auch unsere Bemühungen in Gedanken, Worten und Taten.

Dieses Erntedankfest der Hexen wird im großen Stil gefeiert. Der Tisch ist verschwenderisch gedeckt, je nach Wetter draußen im Wald oder in den heimischen vier Wänden. Bitten Sie bei dieser Gelegenheit die Göttin, uns an ihrem Überfluss und Reichtum teilhaben zu lassen, und wünschen Sie auch allen Menschen dieser Welt Reichtum, Fülle und Zufriedenheit.

Die Fülle und der Reichtum, wie sie von Habondias verkörpert werden, beinhalten nicht nur finanzielle Gaben, sondern auch Gefühle, Liebe und Anteilnahme.

Die römische Göttin Diana, hier in einem Gemälde von Tizian (1488–1576).

Hinter den griechischen und auch den römischen Göttinnen verbergen sich archetypische Eigenschaften von unterschiedlichen Frauentypen.

13. August   Fest der römischen Göttin Diana

Diana ist die Mondin, die Göttin des Himmels und der Erde, die Mutter aller Geschöpfe. Die Tochter Jupiters und seiner Schwester Latona wurde sowohl von den Römern – u. a. in einem Tempel auf dem Hügel Aventin in Rom – als auch in der keltischen Mythologie verehrt. Die Griechen huldigen ihr unter dem Namen Artemis. Diana ist die Göttin der Fülle und der Großzügigkeit. Sie ist die Mutter, die alles beschützt, besonders die Schwachen und die Unterdrückten. An ihrem Festtag beten wir zu ihr, sagen Dank für ihre Hilfe im vergangenen Halbjahr und bitten um Schutz und Unterstützung für die zweite Jahreshälfte. Laden Sie Ihre Freundinnen ein, und bedanken Sie sich für eine wunderschöne Frauenfreundschaft. Legen Sie sich gegenseitig Tarotkarten, und zelebrieren Sie gemeinsam ein Dankeschönritual.

15. August   Geburtstag der ägyptischen Göttin Isis

Ein weiterer Tag, an dem Isis besonders geehrt wird, denn sie wurde an diesem Tag von ihrer Mutter Nuth geboren. Ziemlich schnell wurde sie nicht nur von den Ägyptern zur Großen Göttin auserkoren. Besonders auf der Nilinsel Philae, die in der Antike als heilig galt, erfreute sie sich höchster Verehrung – auch in anderen Kulturen hat sie diesen Platz eingenommen, wenn auch teilweise unter anderen Namen. Dieser Tag ist den Wanderern und Reisenden durch alle Kulturen gewidmet. Alles, was Sie an diesem Tag segnen, steht im Zeichen des Glücks und der Harmonie. Segnen Sie Ihr Zuhause und alles, was Ihnen teuer ist, mit einer Räucherung aus Myrrhe, Sandelholz und Lorbeer.

Zu den meisten Ritualen gehört ein Altar. Er ist ein Platz der Ruhe, der Verinnerlichung und der Konzentration.

23. August Fest der griechischen Göttin Moira

Moira ist die dreifache Schicksalsgöttin: die Jungfrau Klotho, die den Schicksalsfaden spinnt; die Mutter Lachesis, die den Faden misst; die Greisin Atropos, die den Lebensfaden durchtrennt. Auf Darstellungen sind ihnen Spindel, Schriftrolle bzw. Waage als Attribute beigegeben. In der römischen Mythologie werden die drei mit den Parzen gleichgesetzt. An ihrem Festtag sollten Sie Ihr Leben überdenken und Pläne für die Zukunft schmieden. Ziehen Sie Bilanz, und werden Sie sich darüber klar, warum und wie Sie Dinge ändern wollen und welchen Einsatz Ihnen die Veränderungen wert sind.

25. August Fest der römischen Göttin Ops

Ops ist die große Saat- und Erntegöttin, und sie repräsentiert die Überfülle der aus der Erde stammenden Nahrung. Ihr Gemahl ist der uralte Ackergott Saturnus, er ist der Vater Jupiters. Legen Sie an ihrem Festtage Blumen, Wein und frisch gebackenes Brot auf Ihren Altar. Bedanken Sie sich für Ihre tägliche Nahrung, und bitten Sie, dass diese nie ausgehen möge und Ihnen immer zur Verfügung steht. Vergessen Sie nicht, auch für die Ärmsten auf unserer Erde zu bitten, vor allem die Länder der Dritten Welt und ihrer Kinder. Zelebrieren Sie für diese Menschen ein Ritual, damit genügend Nahrung für alle vorhanden ist.

September

Dies ist der Monat der Ernte: Der Sommer neigt sich unaufhaltsam dem Ende entgegen, und die Tage werden wieder kürzer und die Nächte länger. Später im Monat können wir den Altweibersommer genießen und noch einmal Wärme tanken für die vor uns liegende kalte Zeit. Jetzt reifen Hagebutten, Sanddorn und Holunder, die wir in der vitaminarmen Winterzeit in Form von Sirup oder Marmelade gut gebrauchen können.

Ein geeigneter Augenblick auch, um eine erste Jahresbilanz zu ziehen. Was haben Sie geerntet in diesem Jahr? Haben Ihre Anstrengungen Früchte getragen? Sind Sie zufrieden, und könnten Sie sich jetzt einfach entspannt zurücklehnen und sehen, was kommt? Oder befinden Sie sich vielleicht gerade kurz vor der Zielgeraden und starten noch einmal richtig durch?

Im September kommt die Natur ins Gleichgewicht. Nehmen Sie zu dieser Zeit vitaminreiches Essen und stärkende Getränke zu sich.

Die Eleusinischen Mysterien

Die Feiern dieses Monats waren geprägt vom Thema Verlust und Trennung. In Griechenland fand das berühmteste Ereignis Mitte September statt: die Eleusinischen Mysterien, zu Ehren der Göttin Demeter (röm. Ceres) und ihrer Tochter Persephone (röm. Proserpina). Diese Feierlichkeiten erinnern uns an den Schmerz, den uns Verlust und Trennung zufügen, insbesondere wenn es ein Kind betrifft. Sie spiegeln aber auch den Kreislauf der Natur wider, wenn sich das Leben zurückzieht und bis zum nächsten Frühjahr, wenn auch Persephone ihre Mutter Demeter wieder auf der Erde besucht und dort verweilt.

Das Mysterienfest dauerte mehrere Tage. Die Initianden wanderten von Athen ans Meer, um sich dort rituell zu reinigen. Jeder Einzelne brachte ein Ferkel mit sich, das er oder sie den beiden Göttinnen opfern würde. Nach den Opferungen wurden die Initianden nach Eleusis geführt, wo sie für die Dauer von zwei Tagen fasteten. Am letzten Tag fand schließlich die Weihe statt, bei der die neu Geweihten den heiligen Trank Kykeon empfingen und geheimnisvollen und symbolischen Riten beiwohnten. Die letzte gemeinsame Handlung war dann ein Trankopfer.

Das Rad des Lebens dreht sich weiter

In den letzten beiden Monaten habe ich Ihnen Rituale und Feste vorgestellt, um ein Kind zu empfangen und um dessen Schutz während der Schwangerschaft zu beten. In dieser Zeit scheint wirklich die halbe Welt Geburtstag zu haben. Ist Ihnen auch schon aufgefallen, wie viele Menschen im September und Oktober das Licht der Welt erblickt haben?

Fest für die Eltern und ihr neugeborenes Kind

Nun geht es um den großen und lang herbeigesehnten Augenblick: Das Baby ist auf die Welt gekommen. Auch wenn Sie oft das Gefühl hatten, für den Rest Ihres Lebens schwanger zu sein, nun ist der neue Erdenbürger da. Sie und der Winzling stehen im Mittelpunkt. Vergessen Sie aber den Vater nicht, denn der kann sich in dieser Phase leicht einmal überflüssig vorkommen. Aber werden denn auch Sie gefeiert, die Sie dieses neue Leben hervorgebracht haben? Meistens bekommt die junge Mutter im Krankenhaus Blumen und wird noch für ihr Durchhaltevermögen bewundert, aber wirklich gefeiert wird in unserer Gesellschaft nur der Neuankömmling. Warum eigentlich? Und was ist mit dem Vater? Der steht im ganzen Trubel, den so ein Ereignis mit sich bringt, oftmals ein bisschen verloren abseits.

> Kinder gilt es besonders zu schützen, um ihnen eine sorglose und glückliche Kindheit zu ermöglichen. Ein Talisman, etwa ein Amulett, kann dabei helfen.

Vesta – die Hüterin des heimischen Herds

Ein paar Tage nach der Geburt verlassen die meisten Frauen heute bereits wieder die Entbindungsklinik. Das hat aber auch den Nachteil, dass die von der Schwangerschaft und Geburt noch geschwächte Mutter gleich wieder in den Alltag geschubst wird. Auch wenn sie noch im Mutterschutz ist, aus dem Acht-Stunden-Bürojob ist nun ein 24-Stunden-Dienstleistungsjob geworden, für den sie noch nicht mal eine Ausbildung gemacht hat. Viele fühlen sich jetzt restlos überfordert. Deshalb treffen idealerweise bald nach der Geburt und Heimkehr Freunde ein und bringen für die jungen Eltern Geschenke mit: Gutscheine fürs Babysitten, Einkaufen, Kochen und Wohnung aufräumen.

Ist es das erste Kind, so ändert sich das Leben der beiden Eltern so drastisch, dass sie sich auf einmal in Situationen wiederfinden, die sie sich zuvor überhaupt nicht vorstellen konnten. Da kann eine gemeinsame Feier mit Freunden und Verwandten nur hilfreich sein. Sobald sich die junge Mutter wieder kräftiger fühlt, richtet sie eine kleine Zusammenkunft aus. Bei dieser wird Vesta (von den Griechen Hestia genannt) in den Kreis eingeladen, die Göttin des heimischen Herdfeuers und eine der ältesten Göttinnen überhaupt. Denn nun lässt es sich nicht länger übersehen: Aus zwei einzelnen Personen ist eine Familie geworden, und die hat den Göttinnen schon immer am Herzen gelegen. In Zukunft wird sich das Leben sehr viel stärker zu Hause abspielen. Die Menschen in früherer Zeit riefen Vesta an und baten um ein sicheres Zuhause, in dem stets Wohlstand herrschen sollte und alle Familienmitglieder in Liebe miteinander verbunden sein sollten. So wie in den Tempeln Vestas ihre Priesterinnen das ewige Feuer der Göttin hüteten, wünschen alle der jungen Familie stetiges Wohlergehen.

Viele magische Kräuter, die bei einem Ritual hilfreich sind, lassen sich auch auf dem eigenen Balkon ziehen – z.B. Lavendel, die Pflanze der Göttin Vesta.

Segensfeier für die neue Familie

Haben Sie sich nach der Geburt wieder einigermaßen erholt, so laden Sie enge Freunde und Verwandte zu dieser kleinen Segensfeier ein. Schmücken Sie den Raum mit Lavendel, der Pflanze der Vesta. Haben Sie einen Kamin? Lassen Sie zu Vestas Feier ein Feuer brennen. Reichen Sie selbst gemachte Speisen, die Ihr Wirken an diesem Mittelpunkt Ihres Familienlebens symbolisieren. Wenn Sie keinen Kamin haben, so verteilen Sie überall Kerzen.

Das Feuer im Hause bildete in früheren Zeiten das Zentrum und wurde von der Hausherrin bewacht.

79

Stellen Sie aus folgenden Blumen und Pflanzen kleine Buketts her: Rose (für die Liebe untereinander), Kamille (für Gesundheit), Lorbeer (für materiellen Wohlstand) und Rosmarin (Schutz). Wenn dann alle gemeinsam am Tisch sitzen, spricht jeder Gast nacheinander einen Wunsch für die junge Familie und deren Heim aus. Verteilen Sie nach der Feier die kleinen Blumensträußchen in den Zimmern Ihrer Wohnung oder in Ihrem Haus.

Segnungsfeier für das Neugeborene

Der ideale Zeitpunkt für diese Feier ist Vollmond. Und ist es ein Sommerbaby, dann sollte das Fest unter freiem Himmel stattfinden. Besorgen Sie je nach Jahreszeit: Hyazinthe (Frühling), Gänseblümchen (Sommer), Klatschmohn (Herbst), Beifuß (Winter), und trocknen Sie diese Pflanzen. Dies sind der Göttin Artemis zugeordnete Gewächse. Artemis ist die Schutzgöttin der kleinen Kinder. Rufen Sie auch die vier Elemente um deren Schutz für Ihr Kind an.

Laden Sie nur sehr enge Freunde und Familienmitglieder ein. Kleiden Sie Ihr Baby in etwas Weißes, nachdem Sie es gebadet haben. Legen Sie es für die Segnung auf eine weiße Decke. Verteilen Sie in einem größeren Abstand um die Decke Kräuter (auch in getrockneter Form) und Kristalle für die vier Elemente und die diesen zugeordneten Himmelsrichtungen.

Benutzen Sie als Räucherung Rosmarin und Salbei. Alle Gäste sitzen in einem großen Kreis um das Baby, während Sie sich direkt vor der Decke, den Blick nach Osten gewandt, an den Füßen des Kindes niederlassen.

Artemis ist nicht nur die Schutzgöttin des Neugeborenen, sondern auch die Göttin der Lüfte – Archetyp für Menschen, die in einem Luftzeichen geboren sind.

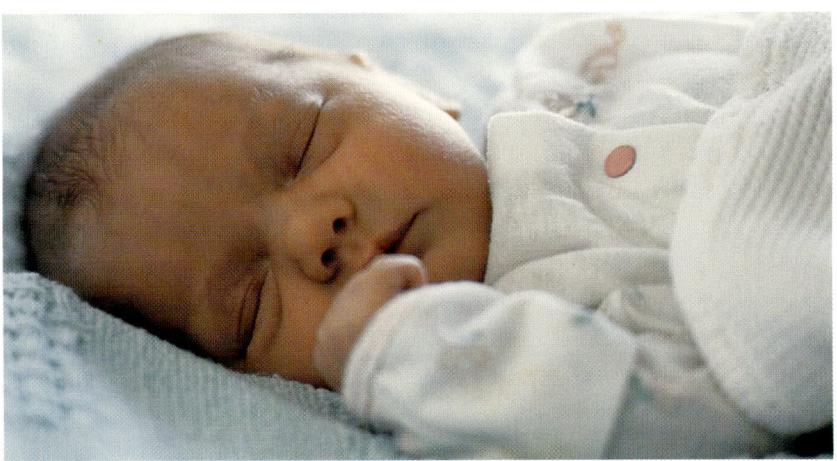

Egal, in welchem Monat ein Kind zur Welt kommt: Der September ist der ideale Zeitpunkt für die Segnungsfeier des neuen Lebens.

Erde – Norden	Für die körperliche Gesundheit und die materielle Sicherheit des Babys: Efeu, Getreide, Bergkristall
Luft – Osten	Für die geistige Gesundheit des Babys: Schafgarbe, Stiefmütterchen, Topas
Feuer – Süden	Für die Seele des Babys: Hibiskus, Knoblauch, Granat
Wasser – Osten	Für die emotionale Gesundheit des Babys: Wasserpflanzen, Aquamarin

Rufen Sie die einzelnen Elemente um Schutz für Ihr Kind an. Für jede Himmelsrichtung wird zusätzlich ein Gast ausgewählt, der für den jeweiligen Bereich (also Geist, Seele des Babys etc.) einen Wunsch ausspricht. Danach wird das Räucherungsgefäß von einem Gast an den nächsten weitergereicht, um auf diese Weise das Kind rundum zu schützen, während Sie die Göttin Artemis anrufen und sie um Schutz und den Segen für Ihr Kind bitten. Die oben erwähnten getrockneten Blumen binden Sie nach der Zeremonie zu zwei kleinen Sträußchen. Legen Sie eines unter die Matratze des Kinderbettchens und das andere in den Kinderwagen.

Im Grunde ist der September der ideale Monat, um Wanderungen zu unternehmen und damit die Gesundheit zu fördern.

Seien Sie unternehmenslustig

Die Tage werden wieder deutlich kürzer, morgens und abends ist es merklich kühler, die Schulzeit beginnt. Genießen Sie die schönen Tage des Altweibersommers, mit einem dunkelblauen Himmel, den sanften Sonnenstrahlen und den ersten verfärbten Blättern. Unternehmen Sie Wanderungen durch die Natur.

◎ Beginnen Sie den Herbst mit einer Traubenkur; Trauben liefern viele Vitamine und Mineralstoffe. Essen Sie über den Tag verteilt ein Kilo der köstlichen Früchte.
◎ Denken Sie auch an eine Entschlackungskur am Wochenende. Sie befinden sich gerade im ersten Monat des Herbstquartals.
◎ Für Ihre Schönheit brauchen Sie gerade jetzt nach dem Sommer Feuchtigkeitspflege für Gesicht, Haut und Haare; trinken Sie außerdem täglich zwei Liter Wasser.

Auch wenn Sie noch so altruistisch veranlagt sind: Wenn Sie immer nur für andere leben, bleiben Sie selbst auf der Strecke. Lassen Sie es nicht dazu kommen!

◎ Wenn die frühe Dunkelheit Sie belasten sollte, trinken Sie zur Belebung mal ein Tässchen Yogi-Tee, den es in verschiedenen Geschmacksrichtungen im Reformhaus oder Bioladen gibt; der schenkt Ihnen neue Power.

◎ Ist es morgens noch dunkel, wenn Sie aufstehen? Denken Sie bewusst an Ihr persönliches Morgenritual, und setzen Sie den Yoga-Sonnengruß und eine belebende Dusche mit einem energetisierenden Duschgel mit auf Ihr Programm.

◎ Wie sieht es mit Ihrer Fähigkeit aus, Nein zu sagen? Lassen Sie sich immer wieder breitschlagen und von anderen überreden? Kann sich jeder bei Ihnen ausheulen? Sind Sie viel zu gutmütig? Ändern Sie das in diesem Monat: Lernen Sie, Nein zu sagen. Setzen Sie sich hin und schreiben Sie auf, welche Dinge Sie nur anderen zuliebe tun, wer Sie ausnutzt und wo Sie anderen zu viel Macht über sich geben. Erlangen Sie wieder Kontrolle über Ihr eigenes Leben. Sie sind nicht für alles und jeden verantwortlich!

Botschaft:	Abschied nehmen
Tierkreiszeichen:	Jungfrau
Organe und Körperteile:	Verdauungsorgane
Element:	Erde
Bachblüte:	Mustard – gegen Melancholie
	Centaury – gegen Aufopferung und mangelnde Selbstbehauptung
Stein:	Feueropal, Karneol, Tigerauge, Amethyst
Aromatherapie:	Muskateller, Ylang-Ylang, Bergamotte

Adieu Sommer – Drink des Monats

200 g Trauben, 2 Birnen; entsaften und nach Wunsch mit stillem Mineralwasser auffüllen.

Volksweisheiten der weisen Frauen

◎ Am Michaelitage (29.) darf nicht im Garten und auf dem Feld gearbeitet werden, sonst bringt es einem kein Glück.

◎ Wie der September – so der künftige März.

◎ Am Septemberregen ist für Saat und Reben dem Bauer viel gelegen.

◎ Wenn die Eicheln gut geraten, so fällt um Weihnachten viel Schnee.

◎ Hört man im September Donner schallen, wird viel Schnee im Winter fallen.

◎ Gib auf Ägidetag (1.) wohl Acht, er sagt dir, was der Monat macht.

◎ Ist auf Matthäus (21.) das Wetter fein, gibt's nächstes Jahr viel guten Wein.

◎ Ziehen die Vögel vor Michaelis nicht weg, so kommt vor Weihnachten kein oder nur ein ganz mäßiger Winter.

◎ Ob an Michaelis der Mond zu- oder abnimmt, dies den Preis der Früchte bestimmt.

Aus dem Zug der Vögel im Herbst sind seit jeher Vorhersagen über den Verlauf des Winters getroffen worden. Tiere haben ein feines Sensorium für klimatische Entwicklungen.

Die traditionellen Feste und Rituale der Großen Göttinnen im September

1. September   Fest der indischen Göttin Lakshmi

Lakshmi ist die Göttin des irdischen Glücks. Sie bringt den Menschen Gesundheit, Fröhlichkeit und Reichtum. Sie ist die Gemahlin des Sonnengottes Vishnu. Vor Anbeginn der Zeit trieb Lakshmi auf einer Lotusblüte. Diese Blume gilt in ganz Asien als Sinnbild der Erleuchtung. Lakshmi gilt auch als Herrin der Seelen und wurde dadurch zu einer bedeutenden Göttin der Freuden und des spirituellen Lebens. Zelebrieren Sie ihr zu Ehren gemeinsam mit Freunden und Freundinnen ein Ritual, bitten Sie währenddessen um Erleuchtung und Klarheit auf Ihrem weiteren spirituellen Weg.

13. September Fest der altrömischen Göttin Venus

Das Fest der Herbstäquinox ist mit unserem bekannten Erntedankfest zu vergleichen. Die Ernte eines erfolgreichen Jahres ist eingefahren und wird uns den Winter über ernähren.

Venus ist die Göttin der Liebe, Familie, Harmonie und der Schönheit. Ihr Name bedeutet so viel wie »Liebreiz«, »sinnliches Begehren«, »Beischlaf«, aber auch »Ehebund«. Sie wird mit der griechischen Göttin Aphrodite gleichgesetzt. Das Bankett der Venus ist ein Empfang für Menschen, die sie liebt. An diesem Tag spürt man die Liebe und die Zärtlichkeit der Venus ganz besonders. Dieses Gefühl der Zuneigung pflanzt sich unter den Menschen fort. Große Steine in der Nähe eines hohen Baumes sind ein Heiligtum von Venus. Errichten Sie ihr dort zu Ehren einen Altar, wo Sie ihr Rosen, getrocknete Früchte und Muscheln zum Opfer bringen. Sie wird es Ihnen danken und Sie gerne bei Ihren Liebesritualen unterstützen. Verwöhnen Sie Ihren Liebsten, und wenn Sie eine Solohexe sind, zelebrieren Sie ein Liebesritual und bitten Venus um den Ihnen zustehenden richtigen Partner.

21. September Verehrung der Hexenkönigin Aradia

Dieses Fest ist dem Dank der Hexen an die höheren Mächte für ihre Begleitung und für ihren Schutz vorbehalten. Die Hexen begehen diesen Tag mit Opferungen von Früchten und Getreide an die Göttin Diana und ihren Gefährten, den Gott Karnayna. Das Motto dieses Festes ist also: Danke, danke, danke! Neben der Danksagung können wir hier auch gleich um Schutz und Gesundheit für den härteren und kälteren Teil des Jahres bitten und dass Göttin und Gott Sie weiterhin liebevoll begleiten.

23. September Fest der Herbstäquinox, Mabon

An diesem Tag wird das Gleichgewicht zwischen den Elementen, zwischen Tag und Nacht, Licht und Dunkelheit, zwischen Geburt und Tod, hergestellt. Er eignet sich für ein Ritual, das innere Ausgeglichenheit und ein Gleichgewicht der Gefühle schaffen soll. Gott und Göttin streifen nun ihren physischen Körper ab und bereiten sich auf eine Reise in unbekannte Mysterien vor, wo sie sich erneuern und schließlich wiedergeboren werden. Bereiten Sie nun auch Ihre Kräuter im Garten auf die bevorstehende Ruhe und kältere Jahreszeit vor. Holen Sie die letzte Ernte heim. Ehren Sie auch diesen wichtigen Festtag, entzünden Sie Feuerschalen, und tanzen Sie um die heiligen Feuer. Die Große Göttin wird es Ihnen mit Glück und Weisheit danken.

28. September Fest der griechischen Göttin Baubo

Baubo ist die Göttin des schallenden Gelächters. Sie ist die Schwester von Iambe, der Göttin der zweideutigen Rede. Baubo ist die lustigste Göttin, sie kann niemanden weinen sehen. Sie war es auch, die Demeter zum Lachen brachte, sie von ihrer Trauer um die Tochter Persephone erlöste und somit die Erde wieder fruchtbar machte. Auch Iambe gelang es, Demeter zu erheitern, und sie wurde von ihr zum Dank zur Priesterin gemacht.

Dieses Beispiel, von dem wir alle nur lernen können, veranschaulicht uns auf amüsante Weise: Lachen ist die beste Medizin und macht frei. Bringen Sie an diesem Tag viele Menschen in Ihrem persönlichen Umfeld zum Lachen! Zeigen Sie sich ganz einfach von Ihrer humorvollen Seite!

Neben der Danksagung können wir beim Fest der Herbstäquinox auch gleich um Schutz und Gesundheit für die kommende kalte Jahreszeit bitten.

Der September beeindruckt immer wieder mit seinem unvergleichlichen Farbenspiel.

Oktober

Die kalte und dunkle Jahreszeit kommt mit Riesenschritten daher. Wenn wir Glück haben, macht der Oktober aber seinem Namen alle Ehre und verwöhnt uns noch einmal mit goldener Sonne und strahlendblauem Himmel. Wir wandern durch die Wälder, wirbeln das bunte Laub mit den Füßen auf und atmen die würzige Luft ein. Wir lassen die lebhafte Zeit des Jahres hinter uns. Themen, die uns in den nächsten Wochen beschäftigen werden, sind Dunkelheit, Verlust, Loslassen, Trauer, Tod. Um diese Jahreszeit sind die Schleier zwischen unserer Welt und der Anderswelt dünner als sonst. Nutzen wir die dunkle Zeit, um trotz der Schmerzen, die uns Verluste bereiten, den Glauben niemals aufzugeben und uns unsere Hoffnung zu bewahren. Wenden Sie sich in Ihrem Zweifel an die große Isis.

Isia – das Fest der Isis

Von Ende Oktober bis Anfang November fanden die Feiern zur Ehrung der Göttin Isis statt. War sie es doch, die schöpfende, beschützende, heilende und erlösende Muttergöttin, die selbst einst den größten Schmerz durch den Verlust ihres Gemahls Osiris erfahren hatte und Hoffnung, als sie ihn wiederfand und zu neuem Leben erweckte.

Einst war es üblich, wie bis heute in vielen Religionen, kleine Schiffchen auf das Meer hinaussegeln zu lassen, beladen mit Opfergaben an Isis und Wünschen der Gläubigen. Ein solches Ritual können wir auch heute noch durchführen, auch wenn wir nicht an einem Meer wohnen. Ein Fluss ist immer in der Nähe, und er wird unsere Schiffe mit sich nehmen.

Den Alltag feiern

Diese zwei kleinen Rituale stelle ich Ihnen gerade in diesem Monat vor, weil es uns nämlich in der Herbst- und Winterzeit besonders schwer fällt, morgens das warme Bett zu verlassen und uns voller Begeisterung in einen schnöden Wochentag zu stürzen. Und natürlich gibt es noch einige andere Umstände, warum wir am liebsten

Räuchern Sie im Oktober gründlich Ihr Haus oder Ihre Wohnung. In diesem Monat sollten Sie auch Ihre Ritualutensilien wieder mit neuer Energie aufladen.

einfach weiterschlafen würden: ein langweiliger Job, maulende Kinder, intrigante Kollegen, nervende Kunden, brüllende Chefs.

Da muss einfach etwas passieren. Versuchen Sie, aus allem das Beste zu machen, etwas weniger perfektionistisch und pessimistisch zu sein, dafür aber gelassener und toleranter. Verwöhnen Sie sich bereits am Morgen. Starten Sie den Tag so schön wie möglich.

◉ Werden Sie ganz langsam wach, recken Sie sich, machen Sie ein paar Yogaübungen, wie z. B. das Sonnengebet.

◉ Genießen Sie die prasselnde Dusche mit aromatischem Duschgel, das nach Zitrone oder Minze duftet.

◉ Gönnen Sie sich ein ausgiebiges und gesundes Frühstück, blättern Sie in Ihrer Lieblingszeitschrift, schnuppern Sie den köstlichen Duft des Milchkaffees.

◉ Ziehen Sie nur Kleider an, in denen Sie sich wirklich wohl fühlen. Achten Sie darauf, dass sie nicht kneifen, kratzen oder unbequem sind. Ein bisschen Make-up bringt Ihr Gesicht zum Leuchten. Leisten Sie sich bei Ihrem nächsten Einkaufsbummel doch einmal in einem der zahlreichen Geschäfte der großen Kosmetikfirmen ein professionelles Make-up für jeden Tag.

◉ Bevor Sie sich auf den Weg machen, rufen Sie die Göttin Oya an. Oya ist eine wahre Power-Göttin, ursprünglich verehrt von den Yoruba in Westafrika, wurde sie von diesen mit in die Neue Welt genommen und Teil der Santeria-Religion. Oya ist die Beschützerin der Frauen, die sich in der harten Männerwelt behaupten müssen. Ihr Zorn kann tödlich sein. Beten Sie zu Oya, wenn Sie sich am Arbeitsplatz ausgenutzt, genötigt oder sexuell bedrängt fühlen. Wenden Sie sich an Oya, wenn Sie die Dinge ändern möchten, Oya wird Sie sicher führen. Haben Sie ihr zu Ehren stets ein paar frische Früchte an Ihrem Arbeitsplatz.

◉ Entspannen Sie sich am Abend. Lassen Sie den Tag geruhsam ausklingen. Ist es nicht wunderbar, abends die Wohnungstür hinter sich zu schließen, aus den Schuhen zu schlüpfen und endlich allein zu sein?

◉ Tauchen Sie ein in ein warmes Bad mit dem Duft von Lavendel und Sandelholz.

◉ Lockern Sie Ihre verspannten Schultern, massieren Sie den ganzen Körper mit einem weichen Massagehandschuh.

◉ Schlüpfen Sie danach in bequeme Wohlfühlkleider.

◉ Bereiten Sie sich in Ruhe ein leichtes Abendessen zu.

Auch ein bewusstes und entspanntes Leben des Alltags kann ein Ritual sein. Eine gelassene Grundeinstellung kann Wunder wirken.

◉ Tun Sie an ein paar Tagen der Woche etwas für Ihre Fitness. Joggen Sie, gehen Sie schwimmen oder ins Fitnessstudio. Schwitzen Sie das ganze Adrenalin aus, das Sie unter Strom setzt und Sie keinen Schlaf finden lässt.

◉ Gönnen Sie sich abends ein paar Übungen aus dem Yoga oder Tai Chi, verbinden Sie sich wieder mit Ihrem innersten Wesen, leben Sie jeden Augenblick bewusst und konzentriert.

◉ Verwandeln Sie Ihr Schlafzimmer in einen wahren Rückzugsort, in eine Oase, in der Sie neue Kräfte schöpfen. Lassen Sie hier niemanden außer Ihren Liebsten hinein, verbannen Sie auch so weit wie möglich elektrische Geräte.

Stärkung des Immunsystems

Plötzlich ist er da – der Morgennebel. Der Sommer ist endgültig Vergangenheit. Im Büro grassiert die erste Schnupfenwelle. Zeit, Ihr Immunsystem auf Trab zu bringen.

◉ Gehen Sie trotz schlechtem Wetter regelmäßig spazieren; schlafen Sie mehr, machen Sie Yoga oder Chi Gong, denn auch Entspannung aktiviert das Immunsystem. Gehen Sie in die Sauna oder ins Dampfbad, duschen Sie morgens heiß und kalt. Essen Sie Zwiebeln, Knoblauch und Rettich; alle haben keimtötende Wirkung. Wichtig für den Darm sind Joghurt und Ballaststoffe.

Die Stärkung des Immunsystems ist wichtig für die kalte Jahreszeit. Medizinische Präparate reichen da nicht aus – Bewegung und richtige Ernährung sind unverzichtbar.

Aufsteigende Nebelschwaden in den Morgenstunden verkünden untrüglich: Der Herbst hält Einzug.

◎ Machen Sie vorbeugend eine vierwöchige Trinkkur mit Mariendisteltee, von dem Sie täglich drei Tassen trinken sollten. Nehmen Sie bei den ersten Anzeichen einer Erkältung ein Mittel mit Echinacea ein, meistens können Sie so die Krankheit schon im Keim ersticken!

Hilfe aus der Natur

Husten: Tees, Tabletten und Dampfbäder mit Efeu, Thymian, Salbei und Malve

Halsschmerzen: Gurgeln mit Salzwasser oder Salbeitee, Quarkwickel für den Hals, heißes Wasser mit Zitrone und Honig

Fiebrige Erkältung: Lindenblütentee, Weidenrindentee

(Sollte das Fieber innerhalb von zwei Tagen nicht zurückgehen, sollten Sie unbedingt einen Arzt aufsuchen!)

Und nicht vergessen: In einem gesunden Körper wohnt ein kräftiger und willensstarker Geist.

◎ In diesem Monat steht Ihre mentale Stärke im Vordergrund. Verbessern Sie Ihre Fähigkeit, gesteckte Ziele wirklich entschlossen anzugehen, über den eigenen Schatten zu springen.

◎ Fangen Sie auch hier klein an: Nehmen Sie sich etwas für den nächsten Tag vor, und setzen Sie Ihr Vorhaben unter allen Umständen in die Tat um. Sie signalisieren dadurch Ihrem Geist, dass Sie willensstark und entschlossen sind, und schaffen eine Grundlage, um auch größere Ziele zu erreichen, weil Sie Vertrauen in Ihr eigenes Durchhaltevermögen bekommen. Nur so können Sie Ihr Leben nach Ihren Vorstellungen gestalten. Und mit jeder bewusst erledigten Aufgabe steigt auch Ihr Selbstbewusstsein und Ihr Selbstwertgefühl.

◎ Richten Sie abends vor dem Einschlafen Ihre letzten Gedanken an die ägyptische Göttin des Nachthimmels, Nut genannt. Jeden Abend verschluckte sie die Sonne, um sie am nächsten Morgen wieder zu gebären. Nut wacht nachts über Sie und schenkt Ihnen tiefen Schlaf und heilende Träume. Ihr Reich ist der endlose Nachthimmel mit seinen Mysterien und Geheimnissen. Ruhen Sie vertrauensvoll in Nuts Hand.

Botschaft:	Der Wind, der Wind
Tierkreiszeichen:	Waage
Organe und Körperteile:	Niere, Blase
Element:	Luft
Bachblüte:	Gentian – Durchhaltevermögen
	Wild Oak – hilft, den eigenen Weg zu finden
	Olive – gibt neue Kraft für Körper & Seele
	Crab Apple – schützt vor Viren
Stein:	Tigerauge, Hämatit
Aromatherapie:	Zitrone, Teebaum, Lavendel

Goldener Herbst – Drink des Monats

8 Pflaumen, 1 Birne, 1 Grapefruit; die Früchte entsaften und mit weißem Traubensaft auffüllen.

Volksweisheiten der weisen Frauen

◎ Am St. Gallustage (16.) darf nicht gesät und geerntet werden, sonst hast du 30 Tage Pech.

◎ Kinder, die drei Tage vor oder nach St. Gallus geboren werden, haben einen unruhigen Schlaf.

◎ St. Gall schließt der Kuh den Stall.

◎ Simonis und Juda (28.) ist ein unheilvoller Tag; es empfiehlt sich, zu Hause zu bleiben.

◎ Wie's im Oktober wittert – so im nächsten März.

◎ Warmer Oktober – kalter Februar.

◎ Viel Nebel im Herbst, viel Schnee im Winter.

◎ Bringt der Oktober Schnee, Frost und Wind, so sind Jänner und Februar gelind.

◎ Je früher im Oktober das Laub von den Bäumen fällt, desto fruchtbarer wird das nächste Jahr sein.

◎ Wenn die Wildgänse und Wildenten wegziehen, bleibt der Winter nicht lange mehr aus.

◎ Oktoberhimmel voller Stern hat warme Öfen gern.

◎ Wenn Simon und Juda (28.) vorbei, rücket der Winter herbei.

Die Ernte nach getaner Arbeit gibt uns die Freiheit, unser Leben in vollen Zügen zu genießen. Warum fangen Sie nicht gleich damit an?

Nicht zu verwechseln mit Fides ist die römische Göttin Ceres, die ebenfalls häufig mit Füllhorn dargestellt wird, wie hier in einem Gemälde von Hendrick van Balen (1575–1632).

Die traditionellen Feste und Rituale der Großen Göttinnen im Oktober

1. Oktober Fest der römischen Göttin Fides

Wenn Sie ein Ritual planen: Nehmen Sie sich Zeit und Muße, um den richtigen Platz dafür zu suchen. Oft stößt man durch Intuition darauf.

Fides ist die Göttin des Vertrauens, der Verlässlichkeit und der Treue. Im alten Rom gab es ihr zu Ehren einen eigenen Kult und mehrere Tempel, von denen einer auf dem Kapitol stand. Auf Darstellungen ist sie mit Füllhorn, Schale, Ähren oder Fruchtkorb zu sehen. Man glaubte, ohne ihren Schutz sei eine gute Ehe nicht möglich. Fides ist die Hüterin der Aufrichtigkeit und der Integrität, zwischen Beziehungen und Gruppen. Ihr Symbol sind verschlungene Hände. Ihr zu Ehren werden Opfer dargebracht und ein heiliges Ritual durchgeführt, um von ihr Gerechtigkeit und eheliche Tugend zu erbitten.

13. Oktober Fest der römischen Göttin Camena

Camena ist die Göttin des Hellsehens und der Prophetie. Sie lebt an Quellen, Flüssen und Bächen. Ihr berühmtester Aufenthaltsort ist die heilige Quelle an der Porta Capena, vor den Toren Roms. Für Hexen ist dieses Fest auch ein wichtiger Festtag, da die zu den Nymphen gehörende Camena, wenn wir ihr genügend Demut und Ehre erweisen, uns mit Hellsichtigkeit und der Gabe der Zukunftsschau belohnt. Führen Sie am Abend Camena zu Ehren ein Ritual durch, und werfen Sie einen selbst gebundenen Blumenkranz in einen Bach, Fluss oder eine Quelle. Dann drehen Sie sich dreimal im Uhrzeigersinn und laufen davon. Drehen Sie sich nicht mehr um!

21. Oktober Fest der slawischen Göttin Horsel

Horsel ist die Mondgöttin der Slawen. Die Christen erklärten sie später, nach der Eroberung des Landes, als heilig und machten aus der ursprünglichen Mondgöttin ganz plötzlich eine Märtyrerin und Heilige, Ursula, deren Reliquien besonders in Köln verehrt werden. Ehren Sie an diesem Abend Horsel in ihrem ursprünglichen Wesen als Mondgöttin mit silberfarbenen Kerzen und Sandelholzräucherungen. Sie wird es Ihnen danken und Ihnen mit ihrer Intuition und ihren Heilkräften ständig zur Seite stehen.

31. Oktober Großes Samhainfest der Hexen

Samhain ist eines der wichtigsten Hexensabbate im Jahreslauf. Es ist das Silvesterfest der Hexen, der Neujahrstag des Mondjahres. Das alte Jahr wird verabschiedet, und die Wünsche für das neue Jahr werden zum Ausdruck gebracht. Die Hexen bedanken sich bei den großen Mächten für deren Beistand und Wohlwollen, die sie ihnen das ganze Jahr über erwiesen haben. Dazu gibt es ein altes Ritual mit überlieferten Anrufungen. Ritualgegenstände werden gereinigt, geweiht und neu aufgeladen. Junghexen werden in die Mysterien eingeweiht und bei Bewährung initiiert. Diese Nacht ist auch ein guter Zeitpunkt, der Vergänglichkeit des menschlichen Lebens und der Verstorbenen zu gedenken. Im Christentum findet dieser Brauch von alters her im Fest Allerheiligen am Tag nach Samhain seinen Niederschlag.

Dieser Tag ist auch Festtag des Geistes Carlin, der schottischen Anführerin der Halloweennacht. In dieser Nacht dürfen die Toten in die Welt der Lebenden, um den kommenden Winter anzukündigen. Feiern Sie die Samhainnacht voller Andacht, zusammen mit Ihren Hexenschwestern, bei Hexenwein und Hexenkuchen. Gedenken Sie der Toten, und schicken Sie die Seelen der Verstorbenen in das ewige Licht der Liebe.

Samhain ist das magischste aller großen Hexenfeste. An diesem Tag steht das Tor zur anderen Welt weit offen.

November

Jeden Tag wird es nun früher dunkel. Dichter Hochnebel hängt über uns und verwehrt uns oft tagelang den Blick auf die Sonne und ihre schwachen Strahlen. Wenn Sie berufstätig sind, dann gehen Sie morgens im Dunkeln aus dem Haus und kehren abends im Dunkeln wieder zurück. Wohl niemand unter uns wünschte sich jetzt nicht, an weißen Stränden unter Palmen zu liegen. Bis zu einem gewissen Grad können Sie das alles ignorieren. Hören Sie karibische Musik, belegen Sie einen Salsakurs, genießen Sie die jetzt frisch angebotenen Südfrüchte und Ananas. Tragen Sie fröhliche Farben, essen Sie farbenfrohes Gemüse, lackieren Sie Ihre Fingernägel in Blütenrosa. Aber gehen Sie auch den unvermeidlichen Themen dieser düsteren Zeit nicht ganz aus dem Weg.

Die letzten Dinge

Das Jahr geht seinem Ende entgegen, und mit jedem Tag nähern auch wir uns dem letzten unserer Tage. Natürlich verdrängen viele von uns diese Tatsache. Aber so wie nach dem längsten dunkelsten Winter wieder die Sonne scheint, so werden auch wir aus dem Dunkel unserer Endlichkeit wieder ins Licht gelangen. Befassen Sie sich darum einmal möglichst aufgeschlossen mit dem Tod. Lesen Sie Bücher von Sterbeforschern, informieren Sie sich, wie andere Religionen und Kulturen damit umgehen, besuchen Sie – auch wenn Ihnen das ein bisschen makaber vorkommt – Friedhöfe. Vor allem in großen Städten gibt es sehr alte Friedhöfe mit Grabstätten aus den letzten zwei oder sogar drei Jahrhunderten. Schon allein die Gestaltung der Grabsteine erzählt viel darüber, wie die Menschen damals mit dem Tod umgegangen sind. Gedenken Sie auch Ihrer eigenen Verstorbenen und besuchen Sie deren Gräber. Nehmen Sie die ganz besondere Atmosphäre dieser besinnlichen Orte in sich auf.

Das Ende des Jahres ist gleichbedeutend mit dem Ende des Lebens. Fast genauso groß wie die Angst vor dem Tod ist heute die Angst vor dem Alter. Insbesondere die Frauen in unserer Gesellschaft tun sich oftmals schwer mit der Tatsache, dass sie nicht mehr die junge Nymphe oder die Mutter mit ihrem ersten Kind auf dem

November ist der Monat der Ruhe und der Prophezeiungen. Orakel und Kartenschau lassen sich nun besonders gut deuten.

Arm sind. Sie werden verlassen – von ihren Kindern, von ihrem Ehemann, der sich einer Jüngeren zuwendet. Auch in dieser Hinsicht ist es wichtig, dass Sie sich nicht nur als Ehefrau und Mutter sehen, sondern als eigenständiger Mensch mit speziellen Bedürfnissen und Interessen, die Sie nicht ständig denen der anderen unterordnen sollten. Pflegen Sie Freundschaften, gehen Sie Ihren Hobbys nach, sagen Sie Nein, wenn andere Sie ausnutzen. In vielen Kulturen gelten alte Frauen als eine Quelle der Weisheit, die ihr Wissen, erworben in einem langen Leben, an die Jungen weitergeben.

Fest der weisen Frauen

Loslassen bedeutet, überholte Strukturen wie lästigen Ballast abzuwerfen und neue Hoffnungen aufkeimen zu lassen.

Ein wichtiges Ereignis im Leben einer Frau ist das Ende der Menstruation. Jammern Sie nicht Ihrer Jugend hinterher, sondern genießen Sie die neue Freiheit. Endlich keine monatlichen Krämpfe, keine Angst vor ungewollter Schwangerschaft. Es gibt viele Möglichkeiten, die zeitweilig auftretenden Beschwerden, wie z. B. Hitzewallungen, ganz natürlich zu lindern. Sprechen Sie mit Ihrer Ärztin. Verwenden Sie doch das Geld, das Sie sonst für Tampons und Schmerzmittel ausgeben mussten, nun ganz bewusst dazu, sich jeden Monat etwas Gutes zu tun!

Laden Sie Ihre Freundinnen ein. Kochen Sie ein köstliches Mahl, und servieren Sie dazu einen schönen schweren Rotwein – rot wie das Blut, das Sie so lange geopfert haben, damit die Menschheit weiterbesteht. Rufen Sie Hekate an, die weise Alte der Göttinnentriade Persephone, Demeter und Hekate. Schmücken Sie die Tafel mit Azaleen. Verbrennen Sie Lavendel, der ruhig und heiter stimmt. Halten Sie gemeinsam Rückschau. Wie hat jede von Ihnen die erste Menstruation erlebt? Wie ging es Ihnen als Frau um die 30 damit? Und was hat die reife Frau, die Sie heute sind, dem jungen Mädchen von einst voraus? Was schätzen Sie an diesem Lebensabschnitt?

Zum Gedenken der Toten

Jedes Lebewesen wird von Mutter Erde hervorgebracht und kehrt am Ende seines Lebens wieder in ihren Schoß zurück. Wir können vor allem davonlaufen und fliehen – nur vor dem Tod nicht. Wie die Beschäftigung mit der Frage, was am Ende des Alls ist, kann auch die Auseinandersetzung mit unserer Vergänglichkeit in uns Gefühle der Verwirrung und Panik hervorrufen. Eine Freundin erzählte mir einmal, dass sie nachts aufgewacht sei und nicht wieder einschlafen konnte. Irgendwie schlich sich dann der Tod in ihre Gedanken, und sie sagte, dass ihr dabei sehr sonderbar zumute gewesen sei. Vielleicht ist das sogar das Furchterregendste am Tod, die größte Grausamkeit, mit der wir leben müssen: die Gewissheit um unser eigenes unausweichliches Ende.

Meditieren Sie gerade in diesem Monat über dieses Thema; vielleicht erhalten Sie tiefe Einsichten, denn es ist die Zeit, während der die Toten auf der Erde wandern sollen. Holen Sie Bilder Ihrer Verstorbenen hervor, erinnern Sie sich an die schönen gemeinsamen Stunden, weinen Sie, wenn Ihnen danach zumute ist. Wenn Sie Gräber besuchen, so bringen Sie ein Grablicht mit, das Sie anzünden, und erzählen Sie dem oder der Toten, was in letzter Zeit passiert ist. Versuchen Sie, ganz bewusst Kontakt zu dieser Person aufzunehmen. Auch wenn diese sich in einer anderen Welt befindet, ist das Band zwischen Ihnen immer noch da. Laden Sie an den Geburtstagen der Verstorbenen, z. B. Ihrer Eltern oder Geschwister, alle ein, die diesen nahe standen, und kochen Sie Lieblingsgerichte der Verstorbenen. Erzählen Sie sich Geschichten, tauschen Sie Erinnerungen aus – Sie werden spüren, wie die betreffende Person unter Ihnen weilt. Sie können sich an den Händen fassen und in stillem Gedenken der Person Ihre Liebe senden, und vielleicht möchte der eine oder andere auch noch einige Worte sprechen.

Es ist eine der größten Herausforderungen für den Menschen, seine eigene Sterblichkeit zu akzeptieren und damit souverän umzugehen.

Zu einer Zeit, in der die Natur das Ende eines Kreislaufs erreicht hat, gedenken wir nicht nur unserer Verstorbenen, sondern bekommen eine Ahnung von unserer eigenen Endlichkeit.

Wie viel Zeit habe ich noch?

Das ist sicherlich eine der schlimmsten Fragen, die man stellen kann. Und mit die schlimmste Antwort, die jemand geben muss. Ein Jahr, sechs Monate – kann man wirklich damit leben? Erstaunlicherweise entscheiden sich die meisten Menschen, die mit dieser Situation konfrontiert werden, dafür, das Beste aus der ihnen noch verbleibenden Zeit zu machen. Manche haben sich so sehr positiv verändert, dass ihre Krankheit plötzlich verschwunden war. Oder sie sind andere und unkonventionelle Wege der Heilung gegangen und genesen.

Stellen Sie sich einmal vor, Sie hätten noch ein Jahr zu leben:

- Wie würden Sie diese Zeit nutzen? Was wäre für Sie wichtig?
- Was würden Sie tun im Hinblick auf:

Ihre Beziehung, Ihre Freunde

Ihre Kinder, Eltern

Ihren Job

Ihre Finanzen

- Haben Sie irgendetwas bisher immer aufgeschoben? Was ist es?
- Haben Sie Fehler begangen, die Ihnen Leid tun?

Leben Sie bewusst, jede Stunde, jeden Tag, jedes Jahr. Verschieben Sie nichts, was Sie gerne tun möchten. Ändern Sie, was Sie ändern wollen. Heute, nicht morgen!

> Abschied nehmen heißt trauern. Nur wenn wir diese Trauer auch wirklich zulassen, sind wir offen für neue Begegnungen.

Trennung und Verlust

Oft ebenso schmerzhaft ist der Verlust einer Person durch Trennung – das Ende einer Beziehung, einer Ehe, der Wegzug von Freunden, flügge werdende Kinder, das Ausscheiden der Lieblingskollegin. Wir sind vor Schmerz wie gelähmt. Wir versuchen, uns abzulenken, wir stürzen uns in Arbeit, nur um Kummer und Leid zu vermeiden. Oft tun wir so, als ob alles in Ordnung sei, reden uns ein, dass wir den Kerl ja doch nicht so toll fanden. Doch dann erinnert uns irgendetwas an ihn, und der Schmerz steigt aus den Tiefen unserer Seele hervor. Wir müssen diesen Schmerz zulassen, uns der Wucht, mit der er auf unser verletztes Inneres prallt, stellen. Wir müssen verschiedene Stadien durchlaufen, um letzten Endes den Verlust akzeptieren und die veränderte Situation annehmen zu können. Nur so kann er eines Tages kleiner werden und die Freude in unser Leben zurückkehren.

Wenn Ihr Mann oder Freund Sie verlassen hat und Sie verzweifelt, aber auch wütend über diese Trennung sind, wenn Sie sich in einer Beziehung befinden, von der Sie wissen, dass sie nicht gut für Sie ist, weil der andere Sie ausnutzt, Sie betrügt oder Angst vor einer Bindung hat, Sie sich aber nicht trennen können, weil Sie ihn trotz allem lieben – dann können Sie eine kleine Feier mit Ihren engsten Freundinnen veranstalten.

Ein Trennungsritual

Rufen Sie gemeinsam Kuan Yin an, die chinesische Göttin des Mitgefühls, und bitten Sie sie um Linderung Ihrer Verzweiflung. Sprechen Sie ganz langsam und bewusst den Namen der Göttin aus. Man sagt, dass schon ihr Name heilt. Opfern Sie ihr ein bisschen Obst als Dank. Sie können auch Kontakt zur Vulkangöttin Pele aufnehmen, vor allem, wenn Sie, anstatt zu weinen und zu schluchzen, wütend und zornig sein sollten auf denjenigen, der Ihnen diesen Schmerz zufügt. Pele macht aus einem »Aber ich liebe ihn doch trotzdem« ein »Zum Teufel mit dem Mistkerl«. Sie können alle gemeinsam um ein Feuer sitzen. Bringen Sie Dinge mit, etwa Fotos des Mannes, der Ihnen so weh tut, und werfen Sie, nachdem Sie alle über ihn geschimpft haben, die Fotos (oder auch Geschenke) in die Flammen. Pele wird vor Begeisterung auf ihrem Vulkan tanzen!

Gegen die Winterdepression

Allein das Wort »November« reicht, um schlechte Laune zu kriegen. Nebel, Dunkelheit, Regen oder sogar schon der erste Schnee, der sich ruckzuck in Matsch verwandelt. Würden Sie auch am liebsten einen Winterschlaf einlegen? Tun Sie's nicht. Ziehen Sie sich warm an, und marschieren Sie durch das trübe Grau. Die kahlen Äste vor einem verhangenen Himmel haben eine ganz besondere Botschaft an Sie. Jetzt ist die Zeit der Innenschau, es gibt keine Ablenkung von außen.

◎ Ziehen Sie eine Bilanz, schauen Sie bereits jetzt auf das vergangene Jahr zurück.

◎ Notieren Sie all Ihre Ideen, Träume und Wünsche für das kommende Jahr.

Wenn Sie wieder Single sind: Nutzen Sie die Zeit des vorübergehenden Alleinseins, um lang aufgeschobene Projekte und Wünsche zu verwirklichen.

99

Freuen Sie sich während Ihres Spazierganges schon auf die Tasse heißen Tee oder heiße Schokolade zu Hause, auf das neue Buch, mit dem Sie sich in Ihren Lieblingssessel kuscheln können.

Leihen Sie sich doch ein paar Videos aus, die Sie zusammen mit Ihren Freunden anschauen, stilecht mit selbst gemachtem Popcorn.

Besorgen Sie sich ein wunderbar duftendes Badeöl, und ziehen Sie sich in Ihr Bad zurück; pflegen Sie sich von Kopf bis Fuß. Seien Sie eine Novemberschönheit!

Kuscheln Sie sich in einen neuen luxuriösen Bademantel, in ein weiches Plaid, in den neuen Pyjama.

Greifen Sie zu heimischem Gemüse der Saison, essen Sie möglichst viel Wurzelgemüse, Blumen- und Rosenkohl, Steckrüben – heute fast vergessen – und schwarzen Rettich, das macht Sie fit und stärkt Ihr Immunsystem. Dünsten Sie Äpfel und Birnen in etwas Apfelsaft; genießen Sie Bratäpfel und die jetzt angebotenen frischen Datteln und Feigen.

> **Wenn Sie Ihrem Körper und Ihrer Gesundheit konsequent etwas Gutes tun, wird Ihre Seele mit dem tristen Novemberklima viel besser zurechtkommen.**

Botschaft:	I Got The Blues
Tierkreiszeichen:	Skorpion
Organe und Körperteile:	Geschlechtsorgane
Element:	Wasser
Bachblüte:	Cerato – verstärkt die Intuition
	Gorse – schenkt Hoffnung und Zuversicht
Stein:	Lapislazuli, Aquamarin, Amethyst
Aromatherapie:	Myrrhe, Eukalyptus

Blue Moon – Drink des Monats

100 g Heidelbeeren, 2 EL Sanddornsaft, 250 g Malventee, 2 TL Honig. Den Malventee mit den Heidelbeeren, dem Sanddornsaft und dem Honig im Mixer verquirlen und noch einmal erwärmen.

Volksweisheiten der weisen Frauen

An Martini (11.) werden Festesfeuer entzündet, um Wotan gütig zu stimmen.

Der Laternenumzug zu St. Martin erinnert uns an die langen dunklen Wochen, die vor uns liegen.

◎ Der Andreastag (30.) und noch mehr der Abend, ist der für Wahrsagung – besonders in Beziehung auf künftige Ehen – günstigste.

◎ In der Andreasnacht betet man das Christoffelgebet, um Schätze zu heben.

◎ Wie der November, so der künftige Mai.

◎ Donnert's im November, so soll ein fruchtbares Jahr kommen.

◎ Sperret der Winter zu früh das Haus, so hält er sicher nicht lange aus.

◎ Bleibt aber der Vorwinter gänzlich aus, so kommt der Nachwinter mit Frost und Braus.

◎ Später Donner hat die Kraft, dass er viel Getreide schafft.

◎ Baumblüte spät im Jahr, nie ein gutes Zeichen war.

◎ Ist an Allerheiligen der Buchspan trocken, wir im Winter gern hinter dem Ofen hocken; ist der Span aber nass und nicht leicht, so wird der Winter statt trocken recht feucht.

◎ Sankt Martin will Feuer im Kamin.

◎ Wenn es am Cäcilientage (22.) donnert, so soll ein gutes Jahr kommen.

◎ Andreasschnee (30.) tut dem Korne weh.

◎ Wenn das Weinholz wohl reift, so hofft man im nächsten Jahre viel Wein ernten zu können.

Sich der Kraft der Natur bewusst zu werden, ihre Rhythmen zu spüren, vermittelt uns mit der Zeit ein tieferes Wissen über uns selbst.

Die traditionellen Feste und Rituale der Großen Göttinnen im November

1. November Fest der keltischen Göttin Cailleach

Cailleach, die alte Frau, ist die Göttin des Wetters und der dunklen Jahreszeit. Trotz ihrer Hässlichkeit – sie hat nur ein Auge, rote Zähne und verfilzte weiße Haare – gewann sie immer wieder jugendliche Liebhaber für sich. Auf ihrer Farm stellte sie Landarbeiter ein, denen sie Lohn versprach, wenn sie mehr arbeiten könnten als sie. Durch ihr gebrechliches Äußeres ließen sich alle täuschen: Sie kann ganze Gebirgsteile in ihrer Schürze tragen! So wurde jeder Arbeiter, so sehr er sich auch anstrengte, um seinen verdienten Lohn gebracht. Feiern Sie am Abend ein kleines Ritual, und bitten Sie Cailleach um Kraft und Konzentration für die kommende kalte Jahreszeit.

15. November Fest der römischen Göttin Feronia

Feronia, ursprünglich eine Gottheit der vornehmen Etrusker, ist die Göttin des Feuers und der Vulkane. Wegen ihrer enormen zerstörerischen Kraft lebt sie sehr einsam und zurückgezogen. Ihre Heiligtümer befinden sich im offenen Gelände, in der Nähe von heißen Quellen und Vulkanen. Sie ist auch die Beschützerin der Freiheitsdurstigen, der freigelassenen Sklaven, der einsamen Reisenden und Abenteurer. Ihr zu Ehren gibt es an ihrem Festtag große Jahrmärkte mit den schönsten Früchten. Zelebrieren Sie am Abend ein kleines Dankesritual an Feronia, denn das Wärme spendende Feuer – oder eine warme Mahlzeit von der Feuerstelle – ist für uns schon viel zu selbstverständlich geworden.

16. November Fest der griechischen Göttin Hekate

Die im kleinasiatischen Raum beheimatete Hekate, die mit Artemis, aber auch Persephone gleichgesetzt wird, ist die große alte Göttin der Weisheit, der Magie und der Prophezeiungen. Außerdem steht sie den Hebammen helfend zur Seite. Unter uns Hexen genießt sie hohes Ansehen und wird tief verehrt. Auch der 16. Februar ist speziell ihr gewidmet (siehe Seite 28). Auf keinen Fall darf sie beleidigt werden, denn sie ist äußerst nachtragend. Ihr heiliges Symbol ist die Kröte. Die von ihr bevorzugten Orte sind Wegkreuzungen und Gabelungen – als Symbol für Entscheidungen und Veränderungen. An Wegkreuzungen werden in dieser Nacht auch Speisen für sie niedergelegt. Nutzen Sie die Energie, die in der Nacht der Hekate frei wird, und legen Sie Ihren Freunden und Bekannten die Karten: Sie werden erstaunt sein, welche Ergebnisse Sie dabei, dank Hekates Unterstützung, erzielen werden.

22. November Fest der griechischen Göttin Artemis

Artemis, die Tochter des Zeus, wird als Jagdgöttin verehrt. Sie ist auch die Herrscherin der Nymphen und regiert das Reich der Wälder und der Tierwelt. Sie ist die Beschützerin der Amazonen und der Frauen. Ihr berühmtester Tempel mit der Statue der vielbrüstigen »Mutter Artemis« stand in der Hauptstadt der Amazonen, Ephesos, und gilt als eines der sieben Weltwunder. Man versammelte sich in den Wäldern der Göttin und suchte ihr Wohlwollen, indem man wilde Tänze um das Feuer veranstaltete.

Zelebrieren Sie in dieser Nacht ein kleines Ritual zu Ehren von Artemis, wenn Sie sich unterdrückt und missbraucht fühlen. Artemis wird Sie daraus befreien. So wie sie Frevel an ihrem Heiligtum, das Eindringen in ihre Privatsphäre streng bestrafte, wird sie auch Sie vor Ausbeutung schützen.

Artemis steht für weibliche Stärke und Unabhängigkeit. Ein Leben an der Seite eines Mannes lehnte sie ab.

Im November können uns hellsichtige Träume überraschen. Nutzen Sie diese tiefgründige Zeit mit entsprechenden Ritualen.

Dezember

Das Jahr geht zu Ende, ein neues beginnt schon bald. Und mit ihm werden wir erneut im eisigen Januar alles ändern wollen, uns im blühenden Mai verlieben, im heißen August die Leidenschaften des Sommers genießen, im nebligen Herbst durch die langsam einschlafende Natur wandern und im Dezember erstaunt feststellen, dass ein weiteres Jahr vergangen ist. Aber bevor es so weit ist, erstrahlen die letzten Tage des alten Jahres in festlichem Glanz. Wir feiern den wichtigsten Geburtstag des Jahres: die Wiedergeburt des Sonnengottes. Gerade dann, wenn es am dunkelsten ist, uns die unwirtliche Welt da draußen frösteln lässt, kehrt er zurück mit dem Versprechen auf helle und warme Zeiten. Daran, wie wir diese besondere Zeit begehen, hat sich in den letzten Jahrhunderten nicht viel geändert, sei es, dass wir einen Julbaum oder Weihnachtsbaum aufstellen oder das Christuskind oder den Sonnengott verehren. Wir tauschen Geschenke an unserem Weihnachtsfest aus wie vor 2000 Jahren die Menschen im alten Rom zu den Saturnalien oder Juvenalien.

Nun kommt die Zeit der Innenschau, der Besinnlichkeit und der Erneuerung. Reinigen Sie Körper, Geist und Seele.

Ein Geburtstagsritual

Weil die Geburt von Jesus für die meisten Menschen in unserem Kulturkreis das Ereignis in diesem Monat ist, stelle ich Ihnen passend dazu ein Geburtstagsritual vor.

Vorbereitung

Sie können den Abend vor dem großen Tag ganz bewusst damit verbringen, Bilanz zu ziehen. Was haben Sie bisher erreicht auf Ihrem Weg durchs Leben? Was wünschen Sie sich von der Zukunft? Wie alt fühlen Sie sich? Laden Sie zu diesem besonderen Ereignis auch unbedingt Ihre Eltern ein, denn schließlich haben Sie es ihnen zu verdanken, dass Sie diesen Tag feiern können. Überraschen Sie auch Ihre Eltern mit einem Geschenk des Dankes.

Laden Sie die Göttin ein, die über Ihren Geburtstagsmonat wacht. Zünden Sie eine Kerze in der ihr zugeordneten Farbe an, und stellen Sie daneben einen kleinen Blumenstrauß.

Ritual zum Namensfest

Feiern Sie doch auch Ihren Namenstag, ein wichtiges Ereignis für unsere französischen Nachbarn. Suchen Sie Literatur über Ihre Namenspatronin – wann und wo hat sie gelebt?
Gestalten Sie diese kleine Feier entsprechend der Heimat dieser besonderen Frau. Servieren Sie landestypische Speisen, schmücken Sie den Raum so, wie sie damals gelebt haben mag, wählen Sie passende Musik. Bringen Sie ihr ein kleines Geschenk dar, und bitten Sie sie auch weiterhin um ihren Schutz.

Tod und Wiedergeburt – das Rad dreht sich weiter

In allen Religionen bedeutet der Tod lediglich eine Schwelle zu einer neuen Dimension – ins Jenseits oder auch zu einem neuen, andersgestaltigen Leben.

Alles fließt. Etwas Neues kann nur dann entstehen, wenn Altes losgelassen wird. Kein Leben ohne Tod, kein Tod ohne Leben – das ist seit altersher die Regel. Wenn wir krampfhaft festhalten, können wir nie erfahren, ob nicht etwas viel Besseres auf uns wartet, das sich erst dann zeigt, wenn wir den Mut besitzen, den Schritt ins Unbekannte zu wagen. In allen Zeiten und Kulturen gab es spezifische Vorstellungen von Tod und Jenseits. Hier folgt eine kleine Übersicht über verschiedene Jenseitsbilder und die Götter, die mit dem Jenseits verbunden sind:

◉ Samsara – das Mysterium im Buddhismus und Hinduismus. Der Kreislauf der Wiedergeburt als Strafe für begangene Taten im Diesseits. Die Verstorbenen gelangen erst dann ins Nirvana oder Brahma, wenn sie frei von Schuld und Sünde sind.

◉ Hel – das Reich der Toten, nach germanischem Glauben.

◉ Walhall – die tapfersten Helden der Schlachtfelder werden von Walküren empfangen und umsorgt.

◉ Arianrhod – keltische Totengöttin, die die Verstorbenen geleitet.

◉ Idunn – germanische Göttin und Verwahrerin des Apfels der Unsterblichkeit.

◉ Die dreigestaltige Göttin – das junge Mädchen, die fruchtbare Frau, die weise Alte – steht für den Kreislauf des Lebens.

◉ Die Parzen, Nornen und Moiren – römische, nordische und griechische Schicksalsgöttinnen; Erzeugerinnen, Erhalterinnen und Zerstörerinnen des Lebens.

Springen Sie auf das Rad auf, lassen Sie sich mutig und zuversichtlich durch die Unendlichkeit wirbeln. Die Göttinnen sind stets bei Ihnen.

106

Das Jahresende fröhlich begehen

Das Jahr geht nun dem Ende zu – mit dem Monat des Feierns, der Zusammenkünfte mit dem ganzen Familienclan, des Schenkens und des Lichterglanzes, aber auch der Kälte, der Dunkelheit und des Einkaufsstresses in überfüllten Geschäften. Ist Ihre Laune genauso finster wie die Dezemberwelt draußen um halb fünf? Lassen Sie sich von all dem Trubel nicht entmutigen, sondern genießen Sie das Schöne am Dezember.

◎ Der Geschenkekauf ist mit die größte Nervenbelastung in dieser Zeit. Tun Sie sich das nicht mehr an; machen Sie es sich wirklich zur Gewohnheit, bereits im September eine Liste aufzustellen und nach und nach alle Präsente zu besorgen. Verstecken können Sie ja alles bei einer Freundin.

◎ Nutzen Sie jeden Moment, an dem die Sonne scheint, und gehen Sie raus an die Luft. Sauerstoff und natürliches Licht bringen Sie wieder in Schwung.

◎ Nicht vergessen, dass der Winter auch Partysaison ist. Wie wäre es mit einem neuen Outfit?

◎ Weihnachten ist ebenso die Zeit der Wunschlisten. Schreiben Sie doch auch eine. Nur geht es darin nicht um Geschenke, sondern um ihr ideales Leben. Ziehen Sie sich zurück, schließen Sie die Augen, und stellen Sie sich selbst als Heldin im Skript Ihres Lebens vor. Wie sieht sie aus, wo lebt sie, was macht sie beruflich, wie sieht

Die letzten Tage des Jahres bedeuten nicht nur einen Abschluss, sondern auch einen Neubeginn – die Tage werden unmerklich wieder länger, das Licht kehrt zurück.

Das Licht bricht sich im Prisma der unzähligen Eiskristalle; das Wunder eines sonnigen Wintertages.

der Mann an ihrer Seite aus, hat sie Kinder? Gehen Sie immer tiefer in die in Ihnen aufsteigenden Bilder hinein, entdecken Sie immer mehr Details. Als Nächstes schreiben Sie alles auf, was Sie gesehen haben. Teilen Sie dabei Ihr ideales Leben in mehrere Bereiche auf, wie Liebe, Beruf, Aussehen etc. Seien Sie dabei ganz konkret. Wie sieht Ihr Wunschpartner aus? Wollen Sie heiraten und eine Familie gründen? Oder wollen Sie die erfolgreiche Karrierefrau sein, die mit ihrem Lover Weihnachten in der Karibik verbringt? Fragen Sie sich, was Sie wirklich glücklich machen würde.

◎ Als Nächstes überlegen Sie sich, was Sie tun müssen, um diese Wünsche zu verwirklichen. Fangen Sie zunächst mit kleinen Schritten an. Was können Sie sofort unternehmen? Was verlangt längerfristige Planung? Seien Sie voll und ganz davon überzeugt, dass sich diese Wünsche erfüllen werden. Visualisieren Sie sie täglich. Vertreiben Sie jeden negativen Gedanken und jeden Zweifel.

Die Sonne steht bis zum 21. Dezember im Zeichen des Schützen. Das Element des Schützen ist Feuer, seine Eigenschaften sind Verständnis, Toleranz und Gerechtigkeit.

Botschaft:	Lichterglanz und Festtagslaune
Tierkreiszeichen:	Schütze
Organe und Körperteile:	Oberschenkel, Becken
Element:	Feuer
Bachblüte:	Elm – gegen Weihnachtshektik
	Water Violet – wenn Familientreffen nerven
	Wild Oat – hilft bei der Selbstverwirklichung
Stein:	Aquamarin, Chalcedon, Tigerauge, Lapislazuli
Aromatherapie:	Lavendel, Sandelholz und Weihrauch

Winterwunschpunsch – Drink des Monats

200 ml Wasser, 1 Beutel Lindenblütentee, 100 ml Orangen- und Grapefruitsaft, etwas Anis, Agavensirup. Den Saft erwärmen und zum heißen Tee geben. Mit Anis und Agavensirup abschmecken.

Volksweisheiten der weisen Frauen

◎ Kinder, die am ersten Advent geboren sind, können Elfen und Engel sehen.

◎ Am Nikolaustag darf man nicht spinnen, sonst fällt der Wolf in die Herde.

◎ Was man in der Thomasnacht (21.) träumt, wird wahr.

◎ Wenn man sich in der Christnacht unter einen Apfelbaum stellt, sieht man den Himmel offen.

◎ Kinder, in der Christnacht geboren, sind glücklich und finden einst einen Schatz.

◎ Kehrt sich das im Stalle liegende Vieh in der Christnacht der Türe zu, so hat der Bauer im neuen Jahr Glück im Stall oder einen guten Viehhandel zu erwarten.

◎ In der Christnacht darf kein schmutziges Wasser stehen bleiben, sonst kommt Unglück.

◎ Trockener Dezember, trockenes Frühjahr, trockener Sommer.

◎ Donner im Dezember verkündet viel Wind und Regen im nächsten Jahr.

◎ Wenn der Dezember kalt und die Saat mit Schnee bedeckt ist, so kommt ein fruchtbares Jahr.

◎ Wenn die Milchstraße schön weiß und hell erscheint, so soll ein fruchtbares Jahr kommen.

◎ Ist die Christnacht hell und klar, folgt ein höchst gesegnetes Jahr.

◎ Ist es windig in den Weihnachtstagen, so sollen die Bäume viel Früchte tragen.

◎ Grünen am Christtag Feld und Wiesen, wird sie zu Ostern Frost verschließen.

◎ Fallen in der Christnacht Flocken, wird der Hopfen gut bestocken.

◎ Hängt zu Weihnachten Eis an den Weiden, kannst du zu Ostern Palmen schneiden.

◎ Grüne Weihnachten – weiße Ostern; weiße Weihnachten – grüne Ostern.

◎ Ist der Johannistag (27.) dunkel, so kommt ein gutes Jahr.

◎ Hör, lieber Freund, ich will dir etwas sagen: Das Holz, das du schlägst in den letzten zwei Tagen des Christmonats, desgleichen auch in den ersten des neuen Jänners, solches währt am längsten; es bleibt unverfault, auch frisst's der Wurm nicht, je älter, je härter; der Weise so spricht.

Die besondere Stellung des Dezember wird durch die Vielzahl der Festtage unterstrichen: Nikolaus, Wintersonnwende, Weihnachten und Silvester.

Die traditionellen Feste und Rituale der Großen Göttinnen im Dezember

1. Dezember Fest der römischen Göttin Bona Dea

Gefeiert wurde die »gute Göttin« am 1. Dezember von ihren Anhängerinnen in Rom. Bona Dea war eine Erdgöttin und Hüterin der weiblichen Fruchtbarkeit. Es fanden geheime Riten statt, zu denen Männern der Zutritt strengstens verboten war – was diesen natürlich ein Dorn im Auge war.

Bona Dea ist die Göttin der Gerechtigkeit und der Frauenheilkunde. Sie wird von den Frauen verehrt und geehrt. Kein Mann, nicht einmal ein männliches Tier, darf an ihrem Fest teilnehmen. Bei diesem Fest gibt es keine Grenzen, die Frauen – unter sich – dürfen sich so richtig gehen lassen. Feiern, tanzen Sie, und genießen Sie die Freundschaft einer echten Freundin. Spenden Sie an eine Frauenorganisation. Gedenken Sie all der unterdrückten Frauen in unserer Gesellschaft, und bitten Sie Bona Dea um Beistand.

Feiern auch Sie dieses Fest mit Ihren Freundinnen. Treffen Sie sich an geheimen Orten, teilen Sie Ihre Geheimnisse miteinander, seien Sie ganz Sie selbst, frei und ungebändigt. Ehren Sie Bona Dea mit einem kleinen Trankopfer, und seien Sie sicher, dass der Göttin diese Zusammenkunft von ausgelassen feiernden Frauen ganz besonders gefällt.

Das Lucina-Fest ist auch das Fest der Erleuchtung: Nicht nur kehrt in der Natur das Licht wieder, sondern auch in uns macht sich ein Stück Erhellung breit.

21. Dezember Fest der römischen Göttin Lucina

An diesem Tag wird die Wiedergeburt der Sonne, des Lichts gefeiert. Die Dunkelheit hat an diesem Tag den größten Sieg über das Licht erreicht, die längste Nacht des Jahres ist angebrochen. Das bedeutet aber auch, dass es von nun an aufwärts geht. Das Licht, die Sonne werden wieder stärker und besiegen die Dunkelheit. Wir schmücken unsere Häuser mit Mistelzweigen und Efeu, damit die Sonne und das Glück wieder Einzug halten können. An ihrem Geburtstag bringt Lucina jedes Jahr jenes Kind zur Welt, das symbolisch für alle Menschen steht und uns daran erinnern soll, liebevoll miteinander umzugehen. Zelebrieren Sie am Abend ein Ritual zu Ehren Lucinas, gemeinsam mit Ihren Freunden, und beschenken Sie sich mit liebevollen Kleinigkeiten. Dieses Fest ist unsere »Hexenweihnacht« und für uns sehr bedeutungsvoll.

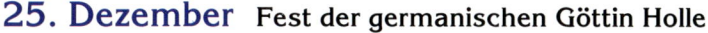

25. Dezember Fest der germanischen Göttin Holle

Frau Holle kennen alle aus dem gleichnamigen Märchen. Tatsächlich ist Frau Holle als alte germanische Göttin für das Wetter, aber auch für die gute Geburt und für die Belohnung guter Menschen zuständig. Zwölf Tage ab dem 25. Dezember wird ihrer gedacht. In dieser Zeit reist Frau Holle durch das Land und beobachtet die Menschen bei ihrem Tun. Wie im Märchen werden die Guten belohnt und die Schlechten mit Pech bestraft. Ihre Schwestern, Holda und Perchta, sind die Hüterinnen der Häuslichkeit. Frau Holle ist die schönste von ihnen. Sonnenschein fließt aus ihrem Haar, Regen fällt, wenn sie das Waschwasser ausschüttet, und Schnee fällt, wenn sie ihr Federbett ausschüttet. Sie lebt in einem Brunnen, wo die Menschen sie besuchen können und, wenn Sie fleißig waren, einen Wunsch äußern dürfen. Ehren Sie an diesem Abend Frau Holle, gehen Sie zu einem Brunnen, entzünden Sie eine weiße Kerze, und werfen Sie ein Geldstück hinein. Ihr Wunsch wird bestimmt in Erfüllung gehen.

31. Dezember Fest der römischen Göttin Vesta

Ein weiterer Tag zu Ehren Vestas (siehe Seite 57). Am Festtag der Göttin Vesta wurde in der Antike ein Herdfeuer entzündet. Öffentlich ehrte man Vesta im einzigen runden Tempel in Rom. Ein heiliges Feuer wurde von der vestalischen Jungfrau Amatae gehütet. Die Frauen von Rom brachten barfüßig die eigens am Herd zubereiteten Speisen in den Tempel. Eine Woche später schloss Amatae den Tempel, reinigte ihn gründlich, warf den Abfall in den Tiber und öffnete ihn wieder. Diese Tradition wahren wir in ähnlicher Weise an Silvester. Es ist schön, am Abend bei Kerzenlicht zu meditieren und Dank zu sagen für die Gaben des vergangenen Jahres sowie um ein gutes, helles und an wertvollen Erkenntnissen reiches neues Jahr zu bitten. Feiern Sie diese Nacht gemeinsam mit lieben Freunden, und verwöhnen Sie sie mit selbst zubereiteten Speisen und Köstlichkeiten. Begehen Sie gemeinsam ein Ritual (siehe Theas Hexenkalender), betreiben Sie gemeinsam ein Zukunftsorakel, und beten Sie für eine bessere, lichtvollere Zukunft auf unserer Erde.

Das bekannte Märchen von Frau Holle zeigt, wie lebendig viele Sagen und Mythen auch in unserer Zeit noch sind.

Mein Zauber-
lehrling Gabrielé

An dieser Stelle möchte ich nun meinen »Zauberlehrling« Gabrielé zu Wort kommen lassen. Sie wird Ihnen beschreiben, wie sie den Weg zu mir fand und wie sie bereits zwei der großen Hexenfeste erleben durfte und wie es ihr dabei erging:

»Wie viele andere Leser auch habe ich das Buch »Hexenwissen« gelesen und dadurch Theas Telefonnummer herausgefunden. Ich war zu diesem Zeitpunkt auf der Suche nach meiner wirklich wahrhaften Berufung. Ich hoffte, Thea könnte meine vielen Fragen beantworten und mir bei meiner Suche behilflich sein. Ich wählte also sogleich die angegebene Telefonnummer, und auf mein Bitten hin bekam ich überraschenderweise ganz kurzfristig einen persönlichen Termin bei ihr. Am nächsten Tag stand ich also vor ihrer Haustüre – mit sehr gemischten Gefühlen. Meine Gedanken überschlugen sich: Was für ein Mensch ist sie? Ist sie nett? Oder vielleicht sogar überheblich? Wer weiß? Ich läutete also voller Herzklopfen, und mir wurde von einer schlanken, langhaarigen Frau mit sehr ausdrucksvollem Gesicht die Türe geöffnet. Sie lächelte und begrüßte mich: »Hallo, ich bin Thea«, dann stellte ich mich auch vor, und sie führte mich in einen geheimnisvollen Raum, der, nur mit Kerzen beleuchtet, in einem warmen Licht erstrahlte.
Ich bestaunte all die wunderbaren Dinge in ihrem Zimmer. Da waren verschiedene Altäre aufgebaut, unzählige Ritualutensilien konnte ich bewundern, wie Zauberstäbe, Kelche, Statuen, Kristallkugel, Steine und vieles mehr. Ich setzte mich an einen antiken Schreibtisch und lauschte den Klängen einer mystischen Musik, während Thea mir ein Glas Wasser besorgte. Sie setzte sich dann mir gegenüber und holte verschiedene Tarotkarten hervor. Sie erklärte mir nun ein bisschen den Verlauf unserer Sitzung und fing dann auch sogleich mit der Deutung der Karten an.
Mit der Zeit bekam ich immer größere Augen, denn sie konnte mir Dinge aus meiner Vergangenheit sagen, die nicht einmal meine beste Freundin wusste. Da wurde mir klar, diese Frau versteht ihr

Es erfordert für jede Schülerin sehr viel Disziplin und Durchhaltevermögen, eine Hexe zu werden. Geduld und Liebe zu dem, was sie tut, ist das oberste Prinzip.

Jeder Zauberlehrling lernt, wie man Rituale durchführt und welche Utensilien dafür notwendig sind.

Seit ihrem 17. Lebensjahr beschäftigt sich Thea mit den kosmischen Kräften und Energien und damit, wie wir Menschen sie nutzen können.

Handwerk. Natürlich hörte ich dann ganz genau zu, als sie anfing, meine Zukunft zu deuten. Dann sah sie sogar Dinge, die mit Magie und Spiritualität zu tun hatten, und fragte mich, ob ich mich dafür interessiere. »Ja, und ob«, nickte ich. Ich erzählte ihr, dass ich schon seit meinem 11. Lebensjahr seltsame Dinge erlebe, sie aber nie richtig zu deuten wusste. Sie fing an, mir Sachen zu erklären, und es ergab sich eine spannende Unterhaltung daraus. Aus einer Stunde, wie ursprünglich geplant, wurden rasch sechs Stunden! Wir verstanden uns auf eine geheimnisvolle Art und Weise, die ich mir bis dahin nicht erklären konnte. Mir kam es so vor, als ob ich sie ein ganzes Leben kennen würde! Oder etwa länger? Nach einiger Zeit kamen wir dann auf das Thema »Ausbildung zu einer Hexe bzw. zur Wicca-Priesterin«. Sie erzählte mir, welchen Ausbildungsweg sie gegangen war, und ich staunte, wie diszipliniert und intensiv so eine Lehrzeit ist. Sie erklärte mir auch, dass dieser Weg mit vielen Opfern verbunden sei. In all den Jahren ihrer Wirkungszeit als Hexe und Hohepriesterin der Wicca-Tradition hatte sie erst einen Lehrling ausgebildet. Es gibt nur wenige Menschen, an die sie ihr Wissen und ihre Erfahrung weitergibt, da es eines hohes Maßes an Verantwortung und Durchhaltevermögen bedarf. Da wusste ich, dies ist meine Berufung: Ich wollte unbedingt ihr Hexenlehrling werden.

Mittlerweile war es schon drei Uhr morgens, und wir einigten uns darauf, dass sich jeder von uns Gedanken über die Ausbildung machen solle. Sie erklärte mir nochmals, dass ich mir ganz genau überlegen solle, ob ich das auch wirklich aus tiefstem Herzen wolle. Wir verabschiedeten uns, und sie sagte, sie würde mir Bescheid geben, wie sie sich entscheiden werde.

Die Tage vergingen. Endlich kam der erlösende Anruf, und sie lud mich nochmals zu sich ein. Als ich bei ihr ankam, lernte ich zwei weitere Frauen kennen, die auch magische Talente haben und so genannte Junghexen sind. Sie nickten mir aufmunternd zu, als Thea mich zu sich in ihr Büro einlud. Mir war ganz mulmig zumute, und endlich stellte sie mir die entscheidende Frage: »Hast du über deinen Wunsch nachgedacht? Bist du dir ganz sicher, diesen Weg zu gehen, der mit manchen Opfern verbunden ist?« Oh ja, das war ich! Sie erklärte mir nun, dass ich unter Zeugen und in Gegenwart von einigen Junghexen zum nächsten Hexenfest in den Zirkel der »Wicca-Tradition« als Novizin aufgenommen werden sollte. Endlich hatte ich es geschafft! Ich hatte meine Lehrerin gefunden!

Samhain – das Fest der Initiation

Zwei Wochen später war es dann so weit, es war der 31. Oktober, das Fest von Samhain, einer der wichtigsten Hexensabbate im Jahreslauf. Es ist die Zeit, neue magische Kräfte zu tanken und Novizinnen in die Mysterien aufzunehmen und zu initiieren. Bereits einige Tage vorher begannen die Vorbereitungen zu diesem Fest. Wir brauten gemeinsam einen Hexenwein und backten einen köstlichen Hexensabbatkuchen. Am Abend des Festes bauten wir dann im Garten von Thea – dort hat sie eine offene Feuerstelle – einen Altar, in Richtung Osten, mit Hexenwein, Hexenkuchen, Dolch, Kelch, Zauberstab, Räucherungen, Pentakel und Hexenkessel darauf. Es kamen noch vier Junghexen, die ebenfalls an diesem Fest teilnahmen. Auch ein Fotoreporter hatte sich angemeldet, der mit Theas Erlaubnis ein Foto schießen durfte. Ich war erstaunt, dass auch die Medien ein so großes Interesse an solchen Festen zeigen.

Wir schürten das Feuer und stellten uns im Kreis darum. Es konnte losgehen. Hatte ich auch meinen Initiationstext noch im Kopf, den ich Tage vorher auswendig lernen musste? Oh Gott, ich dachte, ich

In Nordamerika sind Tag und Nacht des Samhain-Festes als Halloween bekannt – eine Tradition irischer Einwanderer von einer Nacht der Geister, in der die Toten mit den Lebenden kommunizieren.

hätte alles vergessen und ich würde kein Wort hervorbringen! Tara, eine der Junghexen, verband mir dann die Augen und führte mich außerhalb des Kreises, wo ich auf meinen Einsatz warten sollte.

Mit Blitz und Donner

Thea begann dann mit der jeweils einzelnen Anrufung der Göttin und des Gottes sowie der vier Elemente. Im Hintergrund wartete immer noch der Fotograf voller Spannung auf die kommenden Geschehnisse. Als Thea dann das Element Luft anrief, kam plötzlich, wie aus dem Nichts, eine gewaltige Windböe, und bei der Anrufung des Elementes Feuer zischte durch den dunklen Nachthimmel ein Blitz, den ich trotz verbundener Augen bemerken konnte. Eine Windböe raste in unsere offene Feuerstelle, und die Funken flogen nach allen Seiten. Noch blieb Thea stehen und rief das Element Wasser, und genau in diesem Augenblick donnerte es laut, und dicke Regentropfen fielen vom Himmel. Mein einziger Gedanke in diesem Augenblick war: »Das fängt ja gut an, Thea hat wirklich unheimliche Kräfte.« Plötzlich bemerkte ich, wie sie den Ritualkreis schloss.

Thea hatte kurzfristig entschieden, mit dem Ritual im Haus am offenen Kamin fortzufahren, um meine Initiation nicht zu gefährden. Wir begannen also von vorne mit dem Aufbau des Rituals. Dabei fiel uns auf, dass der Fotoreporter plötzlich verschwunden war. Tara berichtete uns dann, dass während der Anrufung seine Augen immer größer geworden seien, und er bei Blitz und Donner wie ein Hase die Flucht ergriffen habe. Wir mussten alle herzlich lachen.

Der Energiefluss zwischen Hexe und Lehrling muss funktionieren. Grundvoraussetzung ist das absolute Vertrauen des Lehrlings zu seiner Meisterin.

Der Beginn des Wegs

Das Ritual begann wieder von vorne, und ich stand mit verbundenen Augen außerhalb des Kreises, aber diesmal sicher und geborgen vor dem Kamin in Theas Wohnzimmer. Tara führte mich nach den Anrufungen in den Kreis zu Thea, die vor dem Altar stand, nahm mir die Augenbinde ab, und ich kniete mich auf ein Kissen, auf dem ein großes Pentagramm eingestickt war. Thea sprach dann den Initiationstext und fragte mich, ob ich bereit sei, den Weg einer Wicca-Priesterin gehen zu wollen. Ich sagte voller Inbrunst Ja, und sprach dann meinen gelernten Text fehlerfrei auf. Thea fragte danach die anwesenden Junghexen, ob sie einverstanden seien, dass ich in die geheimen Mysterien aufgenommen und in den nächsten drei Jahren darin geschult werde. Sie beantworteten diese Frage mit: »Ja, wir sind einverstanden, im Namen der Großen Göttin!« Ich leistete dann einen heiligen Eid, indem ich versicherte, niemals jemandem Schaden zuzufügen und unseren Wicca-Coven, die Göttin und den Gott sowie deren Mysterien zu achten und zu ehren.

Der geschlossene Bund

Thea segnete mich und reichte mir einen Kelch, gefüllt mit unserem Hexenwein, der das Blut der großen Göttin repräsentiert, mit den Worten: »Achut, liebe Gabrielé, sei aufgenommen und bewähre dich!« Ich trank einen Schluck aus diesem Kelch und war somit eine Art Blutsschwesternschaft mit der großen Göttin eingegangen. Danach reichte sie mir ein Stück von dem Hexenkuchen, der wiederum den Leib des großen Gottes repräsentiert, mit den Worten: »Wandle im Licht des großen Gottes, liebe Gabrielé!«

In den Jahren der Ausbildung macht sich der Zauberlehrling mit den kosmischen Kräften vertraut und lernt sich selbst sowie seine Fähigkeiten kennen.

Ein wichtiges Ritualutensil ist der Kelch. Aus ihm wird gemeinsam der Hexenwein getrunken zum Zeichen der Verbundenheit.

Thea führte die Zeremonie noch zu Ende, reinigte ihre Ritualutensilien und entließ am Schluss Göttin, Gott und die vier Elemente. Danach feierten wir, wünschten uns gegenseitig Gesundheit, Glück und Erfolg. Thea erklärte mir dann auch noch, dass die Elemente uns bei diesem Ritual sehr nahe gewesen seien und wohl damit einverstanden seien, dass ich initiiert worden war. Auch für sie muss dies wohl ein gutes Zeichen gewesen sein. Die Wochen gingen dahin, fast täglich ging ich nun zu Thea, um Neues aus der Welt der Mystik und Magie zu erfahren. Jeder Tag hält noch immer eine weitere Überraschung für mich bereit, und ich bin mir hundertprozentig sicher, die richtige Entscheidung getroffen zu haben.

Für die Leser unter Ihnen, die an meiner Lehrzeit interessiert sind, führe ich Tagebuch und werde mit Thea zusammen bald ein Buch zu diesem Thema veröffentlichen.

Dann war es wieder so weit, es nahte Beltane, mein zweites großes Hexenfest.

Beltane – die Walpurgisnacht der Hexen

Beltane ist das erste Fest im Jahreszyklus der Hexen. Es wird am 30. April gefeiert. Vielen unter Ihnen, liebe Leser, ist es sicherlich auch als Walpurgisnacht bekannt. Beltane symbolisiert den Beginn der Fruchtbarkeit und des Wachstums. Thea und ich bereiteten uns auf den Abend vor. Wieder kümmerten wir uns um Hexenwein und Hexenkuchen. Wir packten Holz, Decken und Ritualutensilien zusammen, da wir diesen Abend an einer magischen Kultstätte verbringen wollten. Dieser Platz hat besondere Kräfte, und wir waren uns sicher, dass er für diese Nacht genau das richtige Umfeld für uns war.

Ritual in der Natur

Der christliche Name des Beltane-Festes, die ›Walpurgisnacht‹, geht auf die heilige Walpurga zurück, die an diesem Tag starb.

Wir warteten, bis alle Junghexen aus unserem Zirkel versammelt waren, und marschierten dann gemeinsam in den Wald zu unserem Platz. Zuerst kamen wir an einer Weggabelung vorbei, an der ein uralter Baum stand, in den ein Blitz eingeschlagen hatte. Wir kamen dann an einen kleinen Bach und überquerten einen schmalen Holzsteg. Nun ging es einen Hügel hinauf. Eine riesige Frauenstatue stand in der Mitte des Hügels, und wir waren in einem Tal, umringt von Bäumen und einem Bach. Der Himmel war hell erleuchtet mit den Sternen und der Mondin. Wir entzündeten gemeinsam ein großes Feuer und errichteten unseren Altar. Wir stellten uns im Kreis um das Feuer, Thea stand vor dem Altar und begann mit dem Ritual. Wir sangen und beteten gemeinsam. Jede Einzelne von uns konnte die Energien spüren, die sich um uns herum versammelten. Alle waren wir mit Blumen geschmückt und trugen unsere Ritualmäntel. Zum Ende der Zeremonie wurden wir von Thea aufgefordert, paarweise mit Wunschzettel und Blumen über das Feuer zu springen und dabei beides in das Feuer zu werfen, damit unsere Wünsche im Rauch in den Kosmos gelangten und uns von dort aus erfüllt werden sollten. Danach beendete Thea das eigentliche Ritual, und wir saßen fröhlich im Kreis beieinander.

Wer Magie anwenden und eine Hexe oder ein Zauberer werden will, sollte seine erlangten Fähigkeiten einzig und allein für positive Zwecke einsetzen, niemals aus Hass oder Wut.

Meditation über die Ziele der Hexen

Dann bat Thea uns plötzlich, eine kleine Meditation vorzunehmen. Wir versetzten uns in eine Art Trancezustand, und jede von uns hatte sehr ergreifende Visionen. Wir hatten alle die gleichen Zahlen und Symbole gesehen. Dieses Erlebnis hat mich sehr bewegt, und es hat uns alle nur noch mehr zusammengeschweißt. Unser Motto lautet nun: Einer für alle, alle für einen! Tue, was du willst, aber schade niemandem! Licht und Liebe ist das Gesetz!

Ein Ritual in der Natur sollte man in einer klaren Vollmondnacht durchführen.

Feste, Rituale, magischer Zauber im Jahreslauf

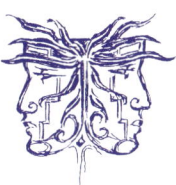

In unserer modernen Welt haben die meisten von uns kaum noch wirklichen Kontakt mit der Natur. Im Sommer stöhnen wir unter der Hitze, im Winter schimpfen wir über die Kälte. Die wichtigsten Momente, die eine neue Phase, einen neuen Abschnitt einläuten, wie die Tagundnachtgleichen oder Sonnenwenden, nehmen wir nicht mehr zur Kenntnis. Unsere Vorfahren lebten noch im natürlichen Rhythmus unserer Erde, sie hatten Ehrfurcht vor den Jahreszeiten und den damit verbundenen Veränderungen um sie herum. Mit Festen und besonderen Ritualen feierten sie den ewigen Zyklus, von dem auch wir ein Teil sind.

Wenn die Natur und ihre Gesetze verstanden und respektiert werden, kommt man auch seinen eigenen Wurzeln wieder näher.

Jahreszeitenrituale

Jede Jahreszeit bringt uns etwas Besonderes, jede hat auch ihre ganz eigene Bedeutung. Wir sollten wieder lernen, im Einklang mit der Natur zu leben. Als Kinder der Großen Göttin feiern die weisen Frauen und Hexen acht wichtige Feste im Jahreslauf.

◎ Das neue Hexenjahr beginnt am 31. Oktober, an Samhain.
◎ Am 21. Dezember wird das Julfest gefeiert, der ungefähre Zeitpunkt der Wintersonnenwende.
◎ Am 2. Februar wird Imbolc begangen, die Rückkehr des Lichts.
◎ Um den 21. März findet das Frühjahrsäquinoktium statt.
◎ Das Beltane-Fest wird in der Nacht zum 1. Mai gefeiert.
◎ Um den 21. Juni ist Sommersonnenwende.
◎ Lammas, das Erntedankfest, findet am 1. August statt.
◎ Das Herbstäquinoktium wird um den 21. September begangen.

Allein das Bewusstsein um diese besonderen Tage zeitigt ein anderes, tieferes Verständnis für die Natur und ihre Zyklen. Sie können an diesen Tagen einen kleinen Altar zu Ehren der Großen Göttin gestalten und ihn zu den oben aufgeführten Terminen jeweils ganz neu schmücken und zusammen mit Freunden und der Familie die Jahreskreisfeste zelebrieren.

Natürlich gibt es die acht großen Sabbatfeste, welche die verschiedenen Stadien des Hexenjahres einleiten und wieder abschließen. Dennoch unterteilen wir das Jahr in Frühling, Sommer, Herbst und Winter. Im Folgenden möchte ich Ihnen vier Rituale vorstellen, die den Kreislauf des Jahres symbolisieren. Sollten Sie eines der Feste nicht genau zu diesem Termin durchführen können, dann wählen Sie als Zeitpunkt das darauffolgende Wochenende.

Das Frühlingsritual

Das Fest des Frühlings feiern wir am Tag des Frühlingsanfangs, dem 21. März. Bereiten Sie sich bereits einige Tage vorher auf dieses Fest vor, und laden Sie gute Freunde und Bekannte ein. Erkundigen Sie sich nach den Wetteraussichten für diesen Tag, und planen Sie, sofern möglich, dieses Fest im Freien zu feiern. Erkunden Sie dazu am besten Ihre Umgebung, und suchen Sie sich einen kleinen Ritualplatz, an dem Sie ungestört und ohne Hemmungen dieses Fest zelebrieren können. Bereiten Sie frische Salate und kleine Häppchen für Ihre Gäste vor.

> **Wenn es das Wetter zulässt, sollten die Rituale im Freien gefeiert werden, damit sich die freigesetzten Energien mit der Natur verbinden können.**

Für dieses Ritual benötigen Sie

frisch gepflückte Frühlingsblumen
ausreichend Teelichte
Holz für ein Lagerfeuer
Räucherkohle
Lorbeerblätter
drei weiße Kerzen
Decken, Steine
Papier und Stifte

Vorbereitung
Führen Sie dieses Ritual um die Mittagszeit, wenn die Sonne ihren höchsten Punkt erreicht hat, durch. Suchen Sie sich ein paar große flache Steine. Diese sollen Ihnen als Altar dienen. Errichten Sie ein kleines Lagerfeuer, und breiten Sie die Decken um dieses herum aus. Um die Decken und das Lagerfeuer herum verteilen Sie kreisförmig die Teelichte. Lassen Sie stets einen Eingang im Osten. Kennzeichnen Sie diesen mit zwei großen weißen Altarkerzen.

Dieser Bereich ist der Ein- und Ausgang des Ritualkreises. Niemals sollte er anders verlassen werden. Sagen Sie Ihren Gästen vorab, dass sie einen kleinen Strauß frisch gepflückter Frühlingsblumen mitbringen sollen. Nun errichten Sie Ihren Altar. Legen Sie ein gelbes Tuch darüber, und schmücken Sie ihn mit Ihren Blumen. Stellen Sie auch Ihren Räucherkessel, Ritualkelch und Ihre sonstigen Ritualutensilien darauf. Diese sollen das Ritual unterstützen. Stellen Sie nun auf einen kleinen Campingtisch die Salate und Häppchen sowie erfrischende Getränke bereit.

Durchführung

Wenn alle Vorbereitungen getroffen wurden, setzen Sie sich mit allen Gästen in den Kreis. Entzünden Sie das Lagerfeuer und drei weiße Kerzen, die Sie zuvor auf Ihrem Altar platziert haben. Trinken und speisen Sie nun alle zusammen, in einer geselligen Gemeinschaft. Lachen Sie und freuen Sie sich mit den anderen über diese Zusammenkunft. Sprechen Sie auch darüber, was sich jeder für die nächsten drei Monate vorgenommen hat. Notieren Sie alle Dinge auf einen Zettel, und stecken Sie jeden in einen eigenen Umschlag. Auf dem Umschlag wird der Name des Teilnehmers notiert, der Umschlag verschlossen. Bewahren Sie die Zettel nun sorgfältig auf, ohne sie zu lesen!
Zum Abschluss des geselligen Mittagslunchs beginnt das eigentliche Ritual. Alle Teilnehmer setzen sich nun im Schneidersitz, Blick

Natürlich gehören auch das passende Essen und die Getränke zu einem magischen Ritual. Bereiten Sie beides am Tag vorher zu.

Bei einem Frühlingsritual dürfen frisch gepflückte Blumen nicht fehlen.

nach Osten gewandt, innerhalb des Kreises hin. Übernehmen Sie die Rolle der Hohepriesterin, und setzen Sie sich vor Ihren Altar. Entzünden Sie eine Räucherkohle, und geben Sie, wenn die Kohle richtig durchgeglüht ist, einige getrocknete Lorbeerblätter darauf. Diese sollen allen Anwesenden Glück und Segen mit auf den Weg geben! Anschließend erheben sich alle Teilnehmer, und Sie als Hohepriesterin werfen als Erste Ihren Strauß Blumen in das Feuer. Übergeben Sie nun mit einem Kuss auf die Stirn an die älteste Person in Ihrem Kreis. Sie selbst setzen sich nun wieder im Schneidersitz auf den Boden.

Der Älteste wiederum wirft seine Blumen in das Feuer und übergibt mit derselben Zeremonie an den Nächstälteren. So geht dies reihum, bis alle Teilnehmer wieder sitzen. Nun schließen alle ihre Augen und visualisieren vor ihrem geistigen Auge, wie die notierten Wünsche bereits in Erfüllung gegangen sind. Nach einigen Minuten der Stille öffnen alle wieder ihre Augen, und das Ritual ist beendet. Verlassen Sie den Kreis aber nicht gleich, bleiben Sie noch sitzen, und genießen Sie gemeinsam den Sonnenuntergang, bevor Sie sich aufmachen, Ihre Wünsche und Träume für die nächsten drei Monate in die Tat umzusetzen.

> **Vergessen Sie die Erdgeister nicht! Lassen Sie nach jedem Ritual etwas von den Speisen und Getränken übrig, und halten Sie es für die Kobolde und Feen bereit!**

Das Sommerritual

Das Sommerritual wird am 21. Juni eines jeden Jahres zum Sommeranfang durchgeführt. Laden Sie wieder Ihre Freunde und Bekannten ein, am besten auch alle die Teilnehmer, die bereits am Frühlingsritual teilgenommen haben.

Vorbereitung

Jeder Teilnehmer bringt diesmal etwas frisches Obst, frische Salate, Fleisch und Würstchen mit. Gehen Sie zu Ihrem vorab gewählten Ritualplatz, und bereiten Sie wieder ein kleines Ritualfeuer vor. Präparieren Sie sorgfältig den Ritualplatz, wie schon bereits im Frühlingsritual erwähnt. Starten Sie mit Ihrem Vorhaben bei diesem Ritual etwa um zehn Uhr morgens, damit Sie die Mittagsstunde gut für Ihr Ritual nutzen können.

Für dieses Ritual benötigen Sie

frisch gepflückte Sommerblumen
ausreichend Teelichte
Holz für ein Lagerfeuer
Räucherkohle
Lorbeerblätter, Salbei
drei weiße Kerzen
Decken, Steine
Papier und Stifte

Durchführung

Wenn um zwölf Uhr mittags dann die Sonne ihren höchsten Punkt erreicht hat, beginnen Sie mit dem Ritual. Alle Teilnehmer setzen sich im Schneidersitz innerhalb des Kreises, mit Blick nach Osten, auf ihre Decken. Der Gastgeber beginnt mit der Zeremonie. Mit Hilfe eines Streichholzes werden die drei Kerzen sowie die Räucherkohle entzündet. Auch das Lagerfeuer sollte zu diesem Zeitpunkt bereits brennen. Wenn die Kohle durchgeglüht ist, legen Sie einige getrocknete Lorbeerblätter zusammen mit Ihrem Strauß frisch gepflückter Sommerblumen auf den Altar. Alle Teilnehmer gehen nun reihum, der jeweils Älteste beginnt und übergibt seinen Korb Obst an die Hohepriesterin. Mit Übergabe des Korbes erhält der Teilnehmer seinen Umschlag des vergangenen Jahreskreisrituals. Nimmt der Teilnehmer zum ersten Mal an einem Jahreskreisritual teil, übergibt er der Hohepriesterin seinen Umschlag mit seinem Namen und Notizen für das nächste Fest. Mit einem Kuss auf die Stirn entlässt die Hohepriesterin den Teilnehmer und empfängt den nächsten. Wenn alle Teilnehmer ihren »Opferkorb« abgegeben haben, öffnet jeder Teilnehmer seinen Umschlag und schaut sich seine Vorhaben für die vergangenen drei Monate genau an. Alle sollten nun darüber nachdenken, was man erreicht hat oder durch besondere Umstände nicht erreichen konnte.

Überarbeiten Sie nun Ihre Notizen, und passen Sie diese an Ihre Wünsche und Bedürfnisse für die nächsten drei Monate an. Alle Notizen werden wieder in einem Umschlag, der mit dem eigenen Namen versehen ist, an die Hohepriesterin übergeben, deren Aufgabe es ist, gut darauf aufzupassen. Nachdem die Umschläge eingesammelt worden sind, setzen sich alle wieder in ihrer Ritualposition,

Lorbeer war die heilige Pflanze Apollos, des Gottes der Weissagung. Deshalb gilt die Räucherung von Lorbeer als gutes Mittel für exakte Voraussagen.

125

im Schneidersitz mit Blick nach Osten, auf ihre Decken und schließen die Augen. Die Hohepriesterin sitzt vor dem Altar und gibt noch etwas Salbei auf die Räucherung und in das Feuer. Jeder visualisiert dabei vor seinem geistigen Auge, wie er innerhalb der nächsten Tage, Wochen und Monate seine Bedürfnisse und Wünsche stillen wird. Nach einigen Minuten ist das Ritual beendet, und der Kreis wird von der Hohepriesterin geöffnet. Nun ist die Zeit des fröhlichen Beisammenseins gekommen. Grillen Sie nach Herzenslust all Ihre mitgebrachten Speisen. Sie können diese unbesorgt im Ritualfeuer grillen, die Göttin wird es als eine Ehrengabe betrachten und Sie mit Gesundheit und Vitalität segnen.

> Da der Herbstanfang die Zeit des Danks für die erfolgreiche Ernte ist, sollte jeder Teilnehmer des Rituals Speisen mitbringen, die er selbst zubereitet hat.

Das Herbstritual

Das Herbstritual feiern wir am 22. September. Laden Sie zu diesem Fest wieder die Teilnehmer des vergangenen Festes ein, aber auch jederzeit neue Teilnehmer. Führen Sie dieses Fest, soweit es Ihnen die Wetterverhältnisse ermöglichen, am besten im Freien durch.

Vorbereitung

Jeder Teilnehmer bringt diesmal ein selbst gebackenes Brot, Salate und Getränke mit. Der Ritualplatz wird auch wie bereits in den vorangegangenen Jahreskreisritualen vorbereitet. Durch den Eingang im Osten betreten alle Teilnehmer den Ritualplatz. Jeder Teilnehmer nimmt in der bereits oben beschriebenen Ritualstellung Platz und wartet geduldig, bis die Zeremonie beginnen kann.

Für dieses Ritual benötigen Sie

frisch gepflückte Herbstblumen
ausreichend Teelichte
Holz für ein Lagerfeuer
Räucherkohle
Lorbeerblätter
drei weiße Kerzen
Decken, Steine
Papier und Stifte

Durchführung

Führen Sie die Zeremonie am besten wieder zur Mittagsstunde durch, wenn die Sonne ihren höchsten Punkt erreicht hat. Der Kreis wird geschlossen. Die Hohepriesterin beginnt mit der Zeremonie und entzündet die drei weißen Kerzen auf dem Altar sowie die Räucherkohle. Als Räucherelement geben Sie einige Lorbeerblätter auf die Kohle. In das Ritualfeuer werfen Sie Ihren selbst gepflückten Strauß frischer Herbstblumen. Nun beginnt wieder der jeweils Älteste und übergibt sein selbst gebackenes Brot an die Hohepriesterin. Diese übergibt daraufhin dem Teilnehmer seinen Umschlag des vergangenen Festes. Neue Teilnehmer übergeben ihren Umschlag mit ihren Notizen, Wünschen und Gedanken an die Hohepriesterin – für das nächste Ritual. Mit einem Kuss auf die Stirn wird der Teilnehmer entlassen und setzt sich zurück auf seinen Platz. Nachdem alle ihren »Opferkorb« übergeben haben, öffnet jeder seinen Umschlag. Wieder werden Wünsche und die eingetretene Realität verglichen. Passen Sie die Liste an, und übergeben Sie den verschlossenen Umschlag wieder der Hohepriesterin.

Wenn alle Umschläge eingesammelt wurden, fassen sich alle Teilnehmer an der Hand und danken in einer kleinen Anrufung für Glück und Ehre. Schließen Sie dabei Ihre Augen, und visualisieren Sie, wie eine weiße Flüssigkeit in Ihren Körper dringt und diesen vollständig erfüllt. Visualisieren Sie, wie diese Flüssigkeit nach Eintritt in Ihren Körper zu einer goldenen Flüssigkeit erstrahlt. Lassen Sie sich vollkommen von dieser göttlichen Energie erfüllen, und vergessen Sie für einen Augenblick alles um sich herum. Nach einigen Minuten ist das Ritual beendet, und der Kreis kann wieder geöffnet werden. Beenden Sie dieses Fest aber noch nicht, setzen Sie sich zusammen, lachen und sprechen Sie über die vergangenen Tage, Wochen und Monate, und essen und trinken Sie Ihre mitgebrachten Speisen.

> Das Herbstritual bietet wahrscheinlich eine der letzten Gelegenheiten, ein Fest im Freien bei angenehmen Temperaturen feiern zu können.

Das Winterritual

Zum Winteranfang, dem 21. Dezember, feiern wir das letzte der Jahreskreisrituale. Sollten Sie eines der früheren Feste, aus welchen Gründen auch immer, nicht im Freien durchführen können, dann halten Sie sich für die Vorbereitung des Ritualplatzes an die hier beschriebenen Anweisungen.

Für dieses Ritual benötigen Sie

ausreichend Teelichte
Räucherkohle
getrockneten Salbei
zwei große Altarkerzen
drei weiße Kerzen
Decken

Vorbereitung

Treffen Sie sich diesmal bei einem der Teilnehmer des Winterrituals zu Hause. Jeder Teilnehmer besorgt Speisen und Getränke sowie eine gute Flasche Rotwein. Sorgen Sie dafür, dass ausreichend Platz für einen großen Kreis aus Teelichten ist, in die Mitte des Kreises legen Sie ausreichend viele Decken. Wenn Sie die Möglichkeit haben und einen kleinen Garten besitzen, bereiten Sie alles für ein kleines Ritualfeuer vor. Sollten Sie nur einen Balkon haben, stellen Sie einen feuerfesten Eimer bereit. Im Osten, dem Eingang des Kreises, stellen Sie zwei große Altarkerzen auf. Als Altar können Sie auch ein kleines Tischchen verwenden. Schmücken Sie ihn wie zu jedem Jahreskreisfest mit Ihren Ritualgegenständen. Alle Teilnehmer betreten den Ritualkreis und nehmen ihre Ritualposition ein. Führen Sie das Ritual durch, solange es noch hell ist, spätestens in der Dämmerung. Das Feuer soll die kommende Dunkelheit vertreiben und Platz für die Sonne machen. Doch dies wird noch einige Monate dauern.

Zur Wintersonnwende feiern wir auch die Wiedergeburt der Göttin Lucinda. Von nun an gewinnt das Licht ganz allmählich wieder an Stärke.

Durchführung

Die Hohepriesterin beginnt mit der Zeremonie und entzündet die drei weißen Kerzen auf ihrem Altar sowie die Räucherkohle in ihrem Räucherkesselchen. Der jeweils Älteste beginnt und tritt an die Hohepriesterin heran. Er übergibt die Flasche Rotwein an sie und bekommt dafür seinen Umschlag mit seinen Wünschen und Gedanken. Mit einem Kuss auf die Stirn wird er aus dem Kreis entlassen, und der Nächstältere tritt heran. Dies geschieht reihum, bis alle Teilnehmer ihre Ritualposition eingenommen haben. Nun öffnet jeder Teilnehmer seinen Umschlag und liest seine verfassten Wünsche und Gedanken der vergangenen drei Jahreskreisrituale. Denken Sie darüber nach, was Sie erreicht haben. Und warum haben Sie etwas nicht geschafft? Wenn Sie sorgfältig darüber nachgedacht haben und sich jeden einzelnen Punkt genau angesehen haben, gehen Sie zu dem Ritualfeuer, das die Hohepriesterin zuvor entzündet und auf dem sie getrockneten Salbei verräuchert hat. Legen Sie den Zettel zurück in seinen Umschlag, und werfen Sie ihn in das Feuer. Danken Sie der Göttin für ihre Unterstützung, und freuen Sie sich auf das kommende Jahr.

Wenn alle Teilnehmer ihre Umschläge verbrannt und sich wieder in ihrer Ritualposition eingefunden haben, ist die richtige Gelegenheit gekommen, die Position der Hohepriesterin an eine andere Teilnehmerin weiterzureichen. Sollte sich unter Ihren Gästen allerdings eine nach alten Wicca-Traditionen initiierte Wicca-Priesterin aufhalten, kann ausschließlich sie die Rolle der Hohepriesterin übernehmen. Sie wird im kommenden Frühlingsritual die neue Rolle der Hohepriesterin übernehmen. Alle Teilnehmer nehmen sich nun wieder an die Hand und schließen ihre Augen. Fühlen Sie die Energie des jeweils anderen, schenken Sie sich gegenseitig Kraft und Energie. Halten Sie ein Versprechen und pflegen Sie die Tradition, sich auch wieder im nächsten Jahreskreis zu treffen und ein Ritual gemeinsam in Liebe und Harmonie zu verbringen.

Nach einigen Minuten der Stille und des Kräfteaustausches wird der Ritualkreis geöffnet, und der jeweils Älteste tritt als Erster aus dem Kreis. Die Hohepriesterin entlässt ihn mit einem Kuss auf die Stirn. Nachdem alle Teilnehmer außerhalb des Kreises getreten sind, ist das Ritual beendet, und der gemütliche Teil kann beginnen. Trinken

In der Magie gilt Salbei als Reinigungspflanze. Dazu wird getrockneter Salbei am besten geräuchert.

Heimeliges Kerzenlicht schafft Atmosphäre und lässt in der dunklen Jahreszeit Räume hell erleuchten. Es strahlt Ruhe und Geborgenheit aus.

Sie gemeinsam einen Glühwein, und feiern Sie ausgelassen mit Ihren Liebsten. Halten Sie diese Tradition der Jahreskreisfeste aufrecht, und versuchen Sie, sich immer wieder zu diesen Festen zu treffen, um gemeinsam dieses Ritual des Glücks und der Freude zu zelebrieren. Versuchen Sie, evtl. auftretende Schwierigkeiten immer bereits im Vorfeld aus dem Weg zu räumen und stets für Klarheit zu sorgen. Sie werden dann mit Ihren Freunden und Bekannten immer viel Freude haben!

Jahresrituale anderer Kulturen

Mit Magie können Sie sehr viel für Ihre Gesundheit und Ihr Wohlbefinden tun. Ein ganz bestimmter Tee und das entsprechende Ritual helfen, um sich wohl zu fühlen.

Vielleicht interessiert es Sie, wie Menschen in anderen Kulturen ihre jahreszeitlich bedingten Feste feiern. Wie wäre es z. B. mit einem japanischen Frühlingsritual, einem indianischen Herbstritual und einem taoistischen Fünf-Elemente-Winterritual?

Japanisches Frühlingsritual

Amaterasu ist die japanische Göttin der Schönheit. Allen Frauen, die sich vertrauensvoll an sie wenden, enthüllt sie im Spiegel deren wahre Schönheit, die sie bisher nicht zu haben glaubten.
Beginnen Sie Ihr Ritual mit einer japanischen Badezeremonie:

◎ Duschen Sie, und rubbeln Sie dabei Ihren Körper sorgfältig mit einem Luffa- oder Seidenhandschuh ab. Oder besorgen Sie sich Reiskleie, die Sie zu einem Brei anrühren und wie ein Peeling anwenden.

◎ Füllen Sie Ihre Badewanne mit ca. 38 °C heißem Wasser. Verteilen Sie Blütenblätter, lassen Sie sich vorsichtig ins Wasser gleiten, und genießen Sie einfach. Bevor Sie dann die Wanne wieder verlassen, reiben Sie sich noch einmal gründlich mit einer Bürste ab.

◎ Massieren Sie jetzt sanft Kamelienöl (im Japan- oder Asienshop erhältlich) in die Haut ein. Sie wird zart, seidig und schimmernd wie Perlmutt.

◎ Bevor Sie sich nun ausruhen, bereiten Sie noch eine Gesichtsmaske zu. Rühren Sie noch einmal etwas Reiskleie mit Wasser an, und geben Sie etwas Honig und evtl. Zitronensaft dazu. Verteilen Sie den Brei auf dem Gesicht, legen Sie sich auf Ihr Bett, und träumen Sie einfach ein bisschen vor sich hin.

◎ Ausgeruht und entspannt widmen Sie sich nun Ihrer Teezeremonie. Vielleicht finden Sie ja eine CD mit passender Musik, und vielleicht haben Sie ja auch einen Kimono. Bereiten Sie dann Ihren Zeremonienplatz vor, der sauber und ordentlich sein sollte. Führen Sie alle Vorbereitungen ganz bewusst durch, gehen Sie ganz darin auf. (So eine traditionelle japanische Teezeremonie, die mit großer Ruhe und Gelassenheit durchgeführt wird, haben Sie sicher schon einmal im Fernsehen bewundert.) Schließlich nehmen Sie auf dem Boden den Fersensitz ein, halten Ihre Teeschale mit beiden Händen und trinken den ersten Schluck.

◎ Gibt es Dinge, die Sie an sich nicht mögen? Glauben Sie nicht auch, dass gerade diese ungeliebten Eigenschaften es sind, die Sie zu jemand Besonderem machen? Wären Sie wirklich ein glücklicherer Mensch, wenn z. B. Ihre Beine schlanker wären? Wenden Sie sich, während Sie Ihren Tee trinken, an Amaterasu. Bitten Sie sie aber nicht darum, Ihnen zu helfen, die gerade aktuelle Diät durchzuhalten. Bitten Sie sie um die Fähigkeit, sich selbst anzunehmen und zu lieben, so wie Sie sind.

◎ Beenden Sie Ihr Frühlingsritual ganz stilgerecht mit einem Abend in einem Japan-Restaurant. Genießen Sie Sake, Miso-Suppe und Sushi – und was die japanische Küche sonst noch an Köstlichem bietet.

◎ Nehmen Sie etwas aus diesem Ritual mit in den Alltag: Gehen Sie sorgfältig mit sich selbst, Ihrem Körper, Geist und Ihrer Seele um.

Musik ist ein fester Bestandteil jedes Rituals. Thea hat selbst Musik für Rituale komponiert und auf CD aufgenommen. Sie können aber jede Musik verwenden, die Ihnen passend erscheint.

Zu einem japanischen Tag gehören auch japanische Requisiten. Genießen Sie Ihren Tee aus original japanischem Geschirr.

Indianisches Sommerritual

Der Sonnentanz war ein Ritual der Sioux-Indianer. Begrüßt wurde damit die Sonne und ihre Wärme nach den kalten Wintermonaten. Dieses Ritual können Sie wunderbar in ein Sommerfest mit einbeziehen, das Sie mit Freunden und der Familie an einem See oder einem Flussufer feiern, wo Lagerfeuer erlaubt sind.

Bereiten Sie Speisen mit den typischen Zutaten der Indianer, Inkas und Azteken zu. Für die Großen gibt es mexikanisches Bier (und später Tequila), für die Kleinen Cola und kalten Kakao. Dazu werden Fleisch und Fisch, gegrillte Kartoffeln und Maiskolben, Tacos, Avocados und Salsa serviert. Als Desserts gibt es Schokoladenkuchen mit Mandeln, Schokoladenpudding mit Vanillesauce, frische Früchte mit Vanilleeis.

Beginnen Sie dieses kraftvolle Ritual mit dem Anzünden des Lagerfeuers, wenn die Sonne hoch am Himmel steht. Streuen Sie Salbei in die Flammen, der von den Indianern als Vertreiber der bösen Geister verehrt wurde. Vielleicht erzählt nun jeder von Ihnen, was er an Negativem und Belastendem dem Feuer übergeben möchte. Danach folgt der Höhepunkt des Rituals, der Sonnentanz. Es gibt CDs mit authentischer indianischer Musik, aber vielleicht sind auch Musiker unter Ihnen, die Trommeln, Rasseln und Flöten mitbringen. Tanzen Sie nun alle gemeinsam um das lodernde Feuer, zuerst langsam und jeder für sich, dann immer intensiver. Fassen Sie einander

Wenn Sie ein großes Feuer machen, versichern Sie sich, dass keine Sträucher oder Bäume in der Nähe sind, die das Feuer beschädigen könnte.

Ohne Lagerfeuer am Fluss oder See wäre es kein indianisches Sommerritual.

an den Händen. Spüren Sie die Hitze des Feuers und die Hitze der Sonne über Ihnen. Tanzen Sie, bis sich alle frei und erneuert fühlen. Brauchen Sie jetzt eine Abkühlung? Dann tauchen Sie alle gemeinsam, Hand in Hand, in den See oder den Fluss. Genießen Sie die Kühle nach der Hitze. Und danach dann gemeinsam die indianischen Speisen und Getränke. Diesen Sommertag wird niemand so schnell vergessen.

Indisches Herbstritual

Das indische Fest Divali war wohl ursprünglich so etwas wie unser Erntedankfest. Am ersten Tag wurde dabei Lakshmi, die Göttin des Wohlstands, geehrt. Wenn Sie einen Altar haben, dann schmücken Sie ihn in leuchtenden Herbstfarben und opfern Sie Getreideähren, Kürbis, Hagebutten und Kastanien. Danken Sie Lakshmi für alles Gute, das Ihnen in diesem Jahr widerfahren ist, und erbitten Sie ihren Beistand für das kommende Jahr.

Es ist völlig in Ordnung, sich materiellen Wohlstand zu wünschen. Jedem Menschen steht Reichtum zu, solange dadurch anderen nichts weggenommen wird.

◎ Machen Sie an einem schönen Tag einen langen Spaziergang in der Natur. Freuen Sie sich an den wunderbaren Farben und an der geheimnisvollen Atmosphäre, die Nebelschleier auf Lichtungen und Teichen schaffen.

◎ Verwandeln Sie Ihr Badezimmer und Schlafzimmer in einen indischen Palast: Räucherstäbchen, Aromakerzen, Kissen und Decken in satten Edelsteinfarben, durchsichtige bestickte Saris – in die Sie sich einhüllen – und Sitarklänge.

◎ Verwenden Sie zur Reinigung ein so genanntes Ubatana, eine Mischung aus gemahlenem Getreide oder Hülsenfrüchten, der je nach Hauttyp Sahne, Milch, Wasser, Tees, Honig oder Zitronensaft zugefügt werden. (Bei sehr empfindlicher Haut bitte keinen Zitronensaft verwenden). Damit reinigen die indischen Frauen seit jeher Gesicht und Körper.

◎ Nehmen Sie danach ein ayurvedisches Entspannungsbad. Ist Ihre Haut trocken, so lösen Sie Honig in warmer Milch, geben Sie je drei Tropfen Sandelholz- und Rosenöl dazu, und schütten Sie die Mischung in warmes Wasser. Ist die Haut fettig, nehmen Sie je drei Tropfen Salbei und Rosmarin und fügen den Saft einer Zitrone hinzu.

◎ Nutzen Sie die Erholung im warmen Wasser für eine Gesichtspackung. Für trockene Haut vermischen Sie pürierte Avocados, Aprikosen, Bananen mit Sahne oder Mandelöl. Für fettige

Haut nehmen Sie pürierte Gurken, Salbeitee, Joghurt und ein beliebiges Mehl. Zur Erfrischung eignen sich Mischungen aus Joghurt, Buttermilch, Ananas, Mango, Möhren und einem Tropfen Minzöl.

◎ Nach all der Schönheitspflege gönnen Sie sich eine Pause auf Bett oder Sofa und trinken dabei eine Tasse Yogi-Tee, der in vielen Geschmacksrichtungen erhältlich ist. Überlegen Sie, was dieses Jahr Ihnen bisher alles gebracht hat – Positives wie auch Negatives sowie Lustiges und Trauriges. Danken Sie Lakshmi für alles Gute, aber versuchen Sie auch das Positive in den weniger angenehmen Ereignissen zu sehen.

◎ Wie wäre es vor dem Abendessen mit einer Yogastunde? Es gibt einige sehr schöne Videos, aber auch gute Literatur, in denen die Übungen anschaulich gezeigt werden. Vielleicht bekommen Sie ja Lust, einen Kurs zu besuchen?

◎ Das Abendessen wird eine kulinarische Reise durch das Land, das für dieses Ritual steht. Gönnen Sie sich einen Besuch in einem indischen Restaurant, und genießen Sie all die kulinarischen Köstlichkeiten.

◎ Und wenn es Nacht wird? Gibt es da nicht auch diese indischen Liebeskünste...? Lassen Sie sich von der reichen Tradition indischer Erotik inspirieren!

> **Wer in der Lage ist, aus Misserfolgen und negativen Erlebnissen positive Lehren zu ziehen, ist auf dem Weg der Erkenntnis schon ein gutes Stück vorangekommen.**

Tantra beschreibt das Geheimnis indischer Liebeskünste und spiritueller Sexualität.

Fünf-Elemente-Winterritual

Die Chinesen ordnen alles auf dieser Welt fünf Elementen zu: Erde, Feuer, Holz, Wasser und Metall. Diese Elemente stehen ständig miteinander in Wechselwirkung und bestimmen so das irdische Geschehen. Nicht zu vergessen ist außerdem das Prinzip von Yin und Yang, ferner der Taoismus, die alte chinesische Weisheitslehre. Feiern Sie mit Freunden und Familienangehörigen ein chinesisches Mondfest zu Beginn des Jahres, und zwar zur Zeit des ersten Vollmonds im Januar. Beginnen Sie die Vorbereitungen, indem Sie Ihre Wohnung, Ihr Haus und Ihren Garten mit vielen bunten Lampions schmücken. Bilden Sie aus Ihren Gästen fünf Gruppen, die jeweils einem Element zugeordnet werden und etwas in der für das Element typischen Geschmacksrichtung zur Feier mitbringen sollten.

Jedes der Grundelemente besitzt ganz bestimmte Charaktereigenschaften, die man sich für die Magie zunutze machen kann.

Holz:	sauer
Feuer:	bitter
Erde:	süß
Metall:	scharf
Wasser:	salzig

Besorgen Sie sich einen Auszug aus dem Tao Te King, dem chinesischen Buch der Weisheit. Zur Begrüßung der Gäste können Sie Jasmintee oder einen Grünen Tee servieren. Dann setzen sich alle zusammen, und Sie lesen zu Beginn einen beliebigen Text aus dem Tao Te King. Danach folgt Stille, in der jeder für sich im Geist den Worten nachspürt. Jeder erzählt dann, was der gehörte Text in ihm auslöst.
Bereiten Sie Zettel vor, die der Anzahl der Gäste entsprechen. Auf jedem Zettel steht eine besondere Botschaft des Tao, wie z. B.:

◎ Es siegt der, der kämpft.

◎ Loslassen und geschehen lassen.

◎ Gut sein zu sich selbst.

◎ Den anderen nicht verändern wollen.

◎ Stille und Ruhe in sich bewahren.

◎ Vermeide alles Überflüssige.

◎ Bleibe im Fluss.

◎ Die Welt sich selbst überlassen.

◎ Vertrau dich dem Leben an.

◎ Übe dich in heiterer Gelassenheit.

Jeder der Gäste zieht nun aus einer Schüssel oder einem Hut einen der zuvor vorbereiteten und zusammengefalteten Zettel. Der Text auf dem Zettel soll für das kommende Jahr sein Leitspruch sein. Was empfindet der Einzelne dabei? Sprechen Sie darüber!

Gab es zwischen einigen der Gruppen in letzter Zeit Streit? Jetzt ist der Augenblick zum Verzeihen und Vergessen gekommen. Ein weiteres schönes Spiel besteht darin, dass sich jeweils einer in die Mitte setzt und jeder der Anwesenden sagt, was er an dieser Person am meisten mag. Der Höhepunkt des Festes ist der gemeinsame Spaziergang mit Lampions, vielleicht in einem Park, im Wald, an einem See oder auf einem Berg.

Freundschaften und Beziehungen, auch innerhalb einer Gruppe, sind etwas zu Wichtiges, als dass man sie leichtfertig aufgeben sollte. Wenn es Probleme gibt, versuchen Sie, diese, vielleicht in einem gemeinsamen Ritual, zu lösen.

Von Quellnymphen, Kristallelfen und Blütenfeen

Das Wissen über feinstoffliche Reiche ist vielfältig und in jedem Teil der Welt anzutreffen. Schon immer waren die Menschen davon überzeugt, dass es neben unserer real existierenden Welt auch eine unsichtbare gibt.

Das meiste, was uns von den Bewohnern dieser Reiche bekannt ist, den Elementargeistern, Feen, Elfen und Devas, haben wir aus Märchen und Liedern. Für die Naturvölker in früherer Zeit hatte jedes einzelne Ding in der Natur eine Seele, ob Stein, Pflanze, Wasser oder Nebel – eben eine ganz besondere Energie, die sich manifestiert und sichtbar wird.

Wo findet man Feen?

Man sagt, dass diese Wesen sich den Menschen auf vielfältige Weise und mit Vorliebe zu bestimmten Tageszeiten und an bestimmten Orten zeigen. Versuchen Sie, in Ihren Ritualen und Festen die Naturgeister mit einzubeziehen. Sie werden erstaunt sein, welche Kraft und Energien sich entfalten. Sie könnten fortan Ihre ständigen Begleiter sein, und schon vielen von uns haben sie Trost und Liebe in schwierigen Situationen gebracht.

Anzeichen für die Gegenwart von Feen

◎ Zitternde Grashalme und raschelnde Blätter, trotz Windstille
◎ Kleine Staubwolken, ein plötzlicher Windhauch
◎ Gefühl der Unbehaglichkeit, ein Schaudern bei einem Spaziergang in der Natur
◎ Ein Gruseln, wenn Sie sich in dunklen Dachböden, Kellern oder Ecken aufhalten
◎ Ein Kräuseln der Wasseroberfläche bei absoluter Windstille
◎ Ein unerklärlicher Wohlgeruch in Ihrer Nase

Sie können auch Ihren Garten so einrichten, dass sich Erdgeister darin wohl fühlen. Diese Wesen müssen das Gefühl haben, willkommen zu sein.

Die Lieblingsstunden der Feen

◎ Morgen- und Abenddämmerung
◎ Mittag
◎ Mitternacht

Die Lieblingsorte der Feen

Feen halten sich besonders gerne an so genannten Zwischenorten auf. Das sind Orte, die von einem Platz zum anderen übergehen, Orte, an denen man noch nicht richtig angekommen ist, etwa
◎ Strände, Ufer von Flüssen und Seen
◎ Zäune, Hecken
◎ Biegungen von Straßen und Flüssen
◎ Zwischengeschosse, Treppenabsätze und Mauervorsprünge

In jedem Tautropfen verbirgt sich ein Geheimnis, das die Natur dort versteckt hat.

137

Vielleicht gelingt es Ihnen, in einer lauen Sommernacht das kleine Volk der Feen zu beobachten.

Wie Sie leichter Kontakt aufnehmen können

◉ Halten Sie sich so oft wie möglich in der freien Natur auf, liegen Sie im Gras, meditieren Sie draußen, joggen Sie durch Wiesen und an Waldrändern entlang.

◉ Bringen Sie Ihre kindliche Phantasie wieder auf Trab, lesen Sie Märchen und Sagen, malen Sie Bilder von Elfen und Feen, seien Sie fröhlich und unbekümmert; all das zieht diese Wesen an.

Achten Sie das Reich der Elementargeister, desto mehr geben sie auch von ihren Fähigkeiten an ihre Umwelt und an Sie ab.

Die Fähigkeiten der Feen bestehen darin, dass sie Zauber wirken, Glück und Unglück bringen, unsichtbar werden und die Form verändern; so gibt es winzig kleine Blütenelfen und große Devas. Sie können wunderschöne junge Mädchen sein, aber auch knollige, alte Trolle. Sie lieben es, Sie zu necken und Dinge verschwinden zu lassen, und Sie spielen gerne. Es gibt Waldgeister, Baumgeister, die in den Bäumen leben, knubbelige Zwerge und verführerische Meerjungfrauen. An allen Orten, wo Zuneigung, Ehrfurcht vor der Natur, Offenheit und Lachen zu Hause sind, lassen sie sich gerne für eine Weile nieder.

Das Reich der Elementargeister

So wie wir die Natur und ihre Kräfte oft in vier Elemente unterteilen, so lassen sich die zahlreichen Naturgeister auch den einzelnen Elementen Feuer, Erde, Wasser, Luft zuordnen.

◎ Erdgeister z. B. lieben den Frühling, sanfte Täler und Hügel.

◎ Feuergeister sind in Wüsten, Vulkanen und in der Jahreszeit des Sommers zu Hause.

◎ Luftgeister lieben den Herbst und die endlose Weite des Himmels.

◎ Wassergeister fühlen sich bei Winter, Kälte und Nässe wohl.

Elementarwesen, die in ihrer Entwicklung unter den Feen stehen, werden ebenfalls den einzelnen Elementen zugeordnet: z. B. Gnome der Erde, Undinen dem Wasser, Sylphen der Luft und Salamander dem Feuer.

Ritual zur Kontaktaufnahme mit Elementarwesen

Sicher wissen Sie, welchem Element Ihr Sternzeichen zugeordnet wird. Sind Sie also z. B. eine Erdfrau/ein Erdmann, so brauchen Sie regelmäßig den Kontakt zur Erde, um sich energetisch aufzuladen. Suchen Sie also zuerst einen entsprechenden Ort aus, einen Kraftplatz: einen großen Felsbrocken für den Erdmenschen, einen See für den Wassermenschen, einen Berggipfel für den Luftmenschen und einen Platz in der Sonne für den Feuermenschen.

Wählen Sie einen Ort, der Sie anregt, aber nicht aufregt und an dem Sie niemand stört. Begeben Sie sich im Morgengrauen oder in der Abenddämmerung an diesen Platz der Ruhe und der Kraft. Dann sind Ihre Sinne besonders geschärft und empfänglich.

Nehmen Sie eine entspannte Sitzhaltung ein, und schließen Sie die Augen. Konzentrieren Sie sich ganz auf Ihren Atem. Nach einer Weile, wenn Sie ganz ruhig geworden sind, richten Sie Ihre Sinne wieder nach draußen, aber lassen Sie die Augen noch geschlossen. Was hören Sie? Was riechen Sie? Spüren Sie vielleicht ein Kribbeln auf Ihrer Haut? Öffnen Sie dann die Augen, und nehmen Sie alles um sich herum wahr; versuchen Sie aber nicht, krampfhaft etwas zu entdecken. Weiter oben haben Sie ja bereits gelesen, welche Anzeichen es für die Anwesenheit von Naturgeistern geben kann. War da also ein Rauschen im Blätterwerk des Baumes, obgleich es windstill ist? Auch wenn sich Ihnen nicht sofort eine Fee oder ein Troll zeigt, diese Wesen wissen nun, dass Sie sie kennen lernen möchten. Kommen Sie daher immer wieder zu diesem Platz zurück, und hinterlassen Sie, wenn Sie wieder nach Hause gehen, ein kleines Geschenk für die Wächter und Beschützer dieses Ortes, wie beispielsweise ein paar Blumen, Früchte, einen schönen Stein oder eine Feder.

Kobolde und Feen lieben alles, was glitzert, z. B. Ringe. Es geht ihnen dabei nicht um materiellen Wert, sondern einzig und allein um die Schönheit.

139

Die monatlichen Mondfeste

In der Vollmondnacht entwickelt die Mondin, die »Große Göttin« bzw. die »Große Mutter«, ihre größte Kraft. Es ist die magische Kraft »sila«, die es weisen Frauen, Magiern und Hexen ermöglicht, zum Wohle der Menschen zu wirken. Die Mondin ist auch Symbol für die dreifache Göttin, die Trinität von Selene (Vollmond), Artemis (zunehmender Mond) und Hekate (abnehmender Mond und Neumond). Die Mondin verstärkt psychische und magische Energien, transformiert Gedanken und Wünsche und nimmt auf, was ihr demütig und flehentlich dargebracht wird.

Die einzelnen Mondphasen sind sehr wichtig und müssen genau beachtet werden, da sie entweder Kräfte verstärken oder aber schwächen und sogar blockieren können.

Das Esbat-Fest der Vollmondin

Der Mond ist eine weibliche und damit intuitive Kraft, mit deren Hilfe Sie Ihren Alltag leichter bewältigen können.

Die die Nacht durchdringende, alles erhellende Vollmondin verleiht die Kraft, selbst schwierige Vorhaben in die Tat umzusetzen. Abgeleitet wird dieses Fest von der Göttin Selene. Sie fördert die Durchsetzungskraft und lässt alles in einem klaren Licht erscheinen. Es ist die Zeit großer psychischer Spannung – die magischen Energien sind jetzt am ausgeprägtesten. Rituale und Zeremonien müssen in dieser Phase sehr verantwortungsvoll und von positivem Geist beseelt vollzogen werden.

Das Fest der zunehmenden Mondin

Die zunehmende Mondin – benannt nach der Göttin Artemis – fördert alles, was in Seele und Geist eines Menschen schlummert und einen Weg nach außen sucht. Sie hilft bei allem, was wachsen und gedeihen soll. Alles, was man sich in dieser Mondphase aufrichtigen und ehrlichen Herzens vornimmt, wird sich positiv verwirklichen. Bitten um Gesundheit, Wohlstand und Glück werden erhört.

Das Fest der abnehmenden Mondin

Hekate, die dreigestaltige mythologische Gestalt der Mondgöttin der Griechen, herrscht wie Selene in der Nacht, jedoch bei abnehmendem Mond. Bei dieser Mondphase vermindern sich die seelischen, geistigen und körperlichen Kräfte, und die Intuition verliert an Intensität. In dieser Phase sollte man sich zurücknehmen, keine Forderungen stellen, sondern diesen Zeitraum eher als die Zeit des Loslassens nutzen. Sie wirkt aktivierend, reinigend und reduzierend auf allen Ebenen.

Der Neumond hat die Tendenz, Kraft zu entziehen. Wenn Sie aber ein Ritual über mehrere Tage durchführen, sollten Sie es am Neumondtag nicht unterbrechen.

Das Fest der Neumondin

Die Neumondphase sollte für große Rituale, intensive Beschwörungen, Wirkzauber und Anrufungen tabu sein, außer Sie haben jemanden an Ihrer Seite, der mit diesen Energien umgehen kann und sich mit den Kräften des Neumonds auskennt. Wer sich nicht daran hält, wird bald am eigenen Leib erfahren, wie Wünsche und magische Gebete sich ins Gegenteil verkehren und eine höchst unangenehme Wirkung haben können.

Vollmond ist die Zeit größter Energieaufnahme und Entfaltung der Kreativität. Nutzen Sie den Vollmond mit entsprechenden Ritualen.

141

Seit Jahrhunderten geheiligte Stätten

Überall auf der Welt und in allen Kulturkreisen gibt es heilige Orte, die mit magischer Kraft aufgeladen sind. Diese besonderen Stätten suchten die Menschen seit Urzeiten auf – und tun dies auch heute noch –, um Verbindung mit den Göttinnen, Göttern und den höheren Kräften aufzunehmen. Unsere gesamte Erde ist von Kraftlinien durchzogen, die sich an bestimmten Punkten kreuzen und dort eine energetische Strahlung aussenden, die von sensitiven Menschen wahrgenommen werden kann. Oft erstrecken sich diese Kraftlinien über Hunderte von Kilometern. Bereits vor vielen tausend Jahren pilgerten die Menschen an diesen unsichtbaren Pfaden entlang von einem Heiligtum zum anderen.

Magische Orte, an denen man uralte, noch immer wirksame Kräfte spüren kann, können sich sowohl in Gebäuden als auch mitten in der Natur befinden.

Berühmte magische Orte

Kathedralen, Klöster, Schlösser und Burgen wurden in früheren Jahrhunderten oft dort angelegt, wo bereits unsere Ahnen, die um die magische Kraft bestimmter Orte wussten, ihre Heiligtümer errichtet hatten. Dort fanden sich Hexen, Priesterinnen, Heiler, Druiden und Schamanen zu magischen Ritualen, Tänzen, Feiern und Gottesdiensten zusammen.

Der Brocken

Ein heiliger Ort und der wohl berühmteste Hexenplatz in Deutschland ist der Brocken im Harz. Er war ein heiliger Ort für alle Hexen, weisen Frauen und Eingeweihten. Dort fand alljährlich in der Nacht vom 30. April zum 1. Mai – der Beltane-Nacht (Walpurgisnacht) – der Große Hexensabbat statt. Seit Hunderten von Jahren werden dann verirrte, unerlöste Seelen, Gespenster und geächtete Naturgeister von ihren Fesseln erlöst, so dass sie sich wohler fühlen. Die Hexen feierten gemeinsam, führten rituelle Tänze auf, huldigten der großen Hexenkönigin Aradia, brachten Blumenopfer und Weihegaben dar und erneuerten ihr Gelübde. Novizinnen wurden initiiert und schwarzmagische Hexen verbannt oder mit einem Bannspruch belegt. Die erste schriftliche Erwähnung von Hexensabbaten auf dem Brocken findet sich bereits im Jahre 1300. Schade, dass das Treiben auf dem Brocken in unserer heutigen Zeit so in Kommerz und Konsum abgerutscht ist. Viel lieber würde ich sehen, er wäre immer noch, wie früher, ein Treffpunkt für weise Frauen und Hexen.

Chartres

Zu den rätselhaftesten Kathedralen der Welt gehört die gotische Kathedrale von Chartres, deren Grundriss auf Proportionen basiert, der die Gesetze der Goldenen Zahl 1618 zugrunde liegen. Zur Sommersonnenwende fällt um die Mittagszeit ein Sonnenstrahl durch ein ungefärbtes Glasfenster direkt auf einen geheimnisvollen Zapfen, der sich auf einer großen Steinplatte am Boden befindet.

Stonehenge

Eines der berühmtesten Heiligtümer der Erde ist der magische Steinkreis von Stonehenge in Südengland. Die gewaltigen Menhire wurden schon 1000 Jahre, bevor es Druiden gab – über einen Zeitraum von 500 Jahren hinweg – in drei Etappen aufgestellt. Einige progressive Forscher vermuten, dass Stonehenge einst als Observatorium diente, da die Steine genau nach Auf- und Untergangsposition von Sonne und Mond zur Sommer- und Wintersonnenwende ausgerichtet sind. Viele Archäologen gehen davon aus, dass Stonehenge von Druiden als Tempel genutzt wurde. Heute ist Stonehenge eine Sehenswürdigkeit mit Absperrungen, die man nur noch aus der Entfernung betrachten und fühlen kann.

Besonders in Großbritannien gibt es noch viele alte magische Kultstätten, von denen Stonehenge heute der bekannteste ist.

Der sagenhafte Steinkreis von Stonehenge, um den sich viele Geschichten und Legenden ranken.

Steinkreise sind gewiss magische Orte. Doch ihre ursprüngliche Bedeutung liegt noch immer im Dunkeln.

Zu den ältesten Steinkreisen gehören der Ring of Brodgar und die Stones of Stenness auf den Orkney-Inseln, die mehrere tausend Jahre alt sind.

Glastonbury

Auch die Ruinen der Abtei von Glastonbury stehen auf geheiligtem Grund. Joseph von Ariamathia soll den heiligen Gral – die Schale, die Jesus beim letzten Abendmahl benutzt hat – hierher gebracht haben. Der Überlieferung nach liegt hier auch Avalon, jene Insel der Toten, auf der König Arthur und der heilige Patrick begraben sein sollen. In früheren Zeiten war Glastonbury eine Insel, die man mit dem Schiff erreichen konnte. Durch den Hügel »Tor« führt ein uralter Pfad, der diese Kultstätten mit anderen in der näheren Umgebung verbindet.

Der Hain Tara

Ein ganz besonderer Platz ist in Irland – der heilige Hain Tara, nördlich von Dublin. Dort befindet sich der Hügel Tara. Cormac Mac Art war einer der bekannten Hochkönige Irlands. Sein Sitz war auf Tara, von wo aus er regierte. Er verschenkte einen Teil des Hügels an die Priesterin Tea. Sie lud daraufhin alljährlich alle Druiden, Kelten, Magier, Priesterinnen, Priester und Eingeweihte zu sich ein, um die großen Jahreskreisfeste respektvoll und gebührend zu feiern. Tea liebte diesen Hügel so sehr, dass sie auch dort nach ihrem Tod begraben werden wollte. Der Legende nach soll sie dort tatsächlich ihre letzte Ruhestätte gefunden haben.

144

Mich persönlich zieht es sehr an diesen Platz, den ich sicherlich eines Tages auch aufsuchen werde. Ob ich wohl etwas mit dieser Tea, die die Jahreskreisfeste so sehr liebte, zu tun habe? Ich werde versuchen, ihr Grab zu suchen, vielleicht finde ich eine Antwort.

Ein persönlicher magischer Ort

Sie müssen aber nicht unbedingt weite Strecken zurücklegen, um einen geeigneten Kraftplatz zu finden. Schauen Sie sich an Ihrem Wohnort genauer um. Bestimmt gibt es irgendwo ein grünes Plätzchen in Ihrer Nähe. Erkunden Sie diese grüne Oase, und wenn Sie große ausgehöhlte Steine herumliegen sehen, dann haben Sie zumindest schon mal einen Platz der Elfen und Kobolde ausfindig gemacht. Auch wild wachsende, duftende Kräuter sind ein sicherer Hinweis auf einen besonderen Platz. Ich selbst habe sogar im Englischen Garten in München besondere Plätze aufspüren können. Dort gibt es noch kleine Quellen, an denen große Weidenbäume stehen. Ein Zeichen einer heiligen Stätte können auch Waldlichtungen oder Hügel sein. Schauen Sie inmitten der Lichtung oder des Hügels in den Himmel, und wenn sich die Bäume bzw. die Sterne wie ein Kreis um Sie herumbilden, dann haben Sie Ihren Platz gefunden. Planen Sie dort Ihr nächstes Fest oder Ritual. Bitte erkundigen Sie sich aber vorher genauestens über die Vorschriften der Besitzer oder Gemeinden, denn allzu oft sind schon Feste geplatzt, weil plötzlich die

Vielleicht findet sich ganz in Ihrer Nähe ein magischer Ort, eine alte Kultstätte, deren Kräfte noch heute wirksam sind.

Suchen Sie in Ihrer Nähe Ihren ganz persönlichen magischen Ort, um dort Ihre Rituale durchzuführen.

Polizei auftauchte. Dies ist übrigens einer der Gründe, warum ich mir nun in meinem Garten einen heiligen Platz angelegt habe, und er ist jedes Mal Erholung, Kraft und Energie pur.

Die Farben und ihre Magie

Jedes einzelne Ritual oder heilige Fest hat seinen eigenen Zauber und seine Wirkkraft. Das Zubehör sowie die Ausstattung sind sehr wichtig, um an das Ziel seiner Wünsche zu kommen.

Daher möchte ich Ihnen die Wirkung der Farben nicht vorenthalten – vor allem auf unseren Körper und unsere Psyche. Von dieser Wirkung wissen wir bereits aus Wissenschaft und Forschung. Die Kenntnis der Wirkweise von Hell und Dunkel, von Warm und Kalt, von Rot und Blau wird deshalb seit jeher in der Magie nutzbringend eingesetzt. Bedenken Sie dies bei der Vorbereitung Ihrer Feste und Rituale. Beginnen Sie bei den Kerzen, z.B. einer Zielkerze in entsprechender Farbe. Immer dabei sein sollte eine weiße Kerze, da sie das göttliche Licht symbolisiert. Ihre Kleidung können Sie ebenso farblich dazu abstimmen, genauso wie Blumen, Früchte, Altardecke, Dekoration und Ausstattung des Ritualzimmers. Sie werden das besondere Flair und die Magie während Ihres Festes ganz sicher spüren. Bei manchen Ritualen kann man sogar zwei oder drei Farben zusammenmischen, bei einem Liebesritual z.B. Rot und Rosa, da Rot die Liebe symbolisiert und Rosa Freundschaft und Vertrauen. Und da wir wissen, dass zu wahrer Liebe beides gehört, können wir auch beide Farben bei der Ausstattung des Rituals zusammenbringen. Lassen Sie Ihrer Intuition freien Lauf.

Hier nun die Bedeutung und Wirkung der einzelnen Grundfarben:

> **Die weiße Kerze garantiert uns während des Rituals positive Energien. Salben Sie diese Kerze mit magischen Ölen.**

Schwarz

Wenn eine Hexe oder ein Magier zu einem Ritual eine schwarze Kutte trägt, so hat das absolut nichts mit schwarzer Magie zu tun, sondern dient dem Schutz der Person und signalisiert die Feierlichkeit des Anlasses. Schwarz ist die Schutzfarbe, sie warnt sowohl Menschen als auch unsichtbare Kräfte, dieser Person nicht zu nahe zu treten, und erhöht automatisch die Hemmschwelle, ihr etwas zu Leide zu tun. Auch aus diesem Grund gilt wohl Schwarz als Farbe der

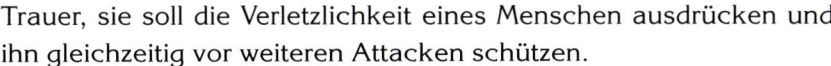

Trauer, sie soll die Verletzlichkeit eines Menschen ausdrücken und ihn gleichzeitig vor weiteren Attacken schützen.

Weiß

Weiß ist die Farbe der Anziehungskraft und der göttlichen Intelligenz. Die meisten lebenswichtigen Dinge sind weiß: das Licht, die Muttermilch, Salz, Weißbrot. Mit Weiß wird Reinheit und Jungfräulichkeit ausgedrückt. Das unbeschriebene Blatt Papier ist weiß, die Braut trägt ein weißes Brautkleid, und die Wäsche soll möglichst »weißer als weiß« sein. Weiß bis silbern steht auch der Mond, der unsere Intuition stärkt, am Nachthimmel. Weiß beinhaltet das ganze Farbspektrum. Es zeigt uns unbewusst die ganze Vielfalt dieser Welt. Diese Vielfalt ist die göttliche Intelligenz, die das ganze Wissen des Universums in sich vereint. Da wir Menschen, ob bewusst oder unterbewusst, nach dem höchsten Wissen, also nach dem Göttlichen streben, hat die Farbe Weiß als Symbol dieser obersten Intelligenz eine enorme Anziehungskraft. Dies ist unser Ziel, dahin streben wir.

Violett

Violett ist die Farbe der Spiritualität. Violett ist eine Mischfarbe aus warmem Rot und kaltem Blau, also eine Mischung zweier gegensätzlicher Pole. Dadurch entsteht ein Spannungsverhältnis, eine Verbindung von Gegensätzen wie Erde und Himmel, Leidenschaft und Verstand oder Liebe und Hass. Die Verbindung der beiden Farben Rot und Blau symbolisiert die Zwiesprache zwischen den Sphären des Menschlichen, Blutgefüllten und des Himmlischen, Ätherischen. Diese Zwiesprache ermöglicht uns Menschen einen Einblick in die andere Welt, in die himmlischen Sphären. Deshalb wird die Farbe Violett als Verbindungskanal zwischen der diesseitigen und der jenseitigen Welt angesehen.

Farben beeinflussen genau wie Düfte unser Unterbewusstsein und sind oft für Wohlbefinden oder Unbehagen verantwortlich.

Rot

Jeder von uns kennt Rot als die Farbe der Liebe. Aber warum ist das so? Wenn Sie die Augen schließen und versuchen, spontan Dinge zu finden, die Sie mit der Farbe Rot in Verbindung bringen, was fällt Ihnen ein? Feuer und Blut sind die meistgenannten Asso-

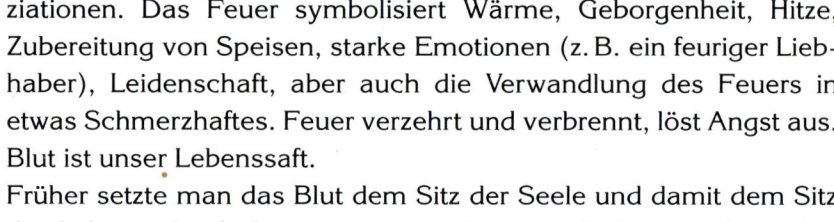

Kleidung in der Erfolgsfarbe Blau unterstützt Sie bei wichtigen Geschäftsverhandlungen oder bei einer heißen Diskussion.

ziationen. Das Feuer symbolisiert Wärme, Geborgenheit, Hitze, Zubereitung von Speisen, starke Emotionen (z. B. ein feuriger Liebhaber), Leidenschaft, aber auch die Verwandlung des Feuers in etwas Schmerzhaftes. Feuer verzehrt und verbrennt, löst Angst aus. Blut ist unser Lebenssaft.

Früher setzte man das Blut dem Sitz der Seele und damit dem Sitz des Lebens gleich. Das vergossene Blut von Opfer- und Schlachttieren – die ältesten Rituale überhaupt – symbolisiert die Erhaltung des Lebens: zuvorderst, weil es der Ernährung diente, aber auch als Opfer an die Götter, um sie gütig zu stimmen. Das Menstruationsblut der Frau wurde in alten Religionen, bis auf die christliche, als heiliges Blut betrachtet, als Urmysterium. Vor allem Männern war das im Mondzyklus wiederkehrende, schmerzlose Fließen von Blut rätselhaft, es war so gegensätzlich zu der ihnen bekannten Art des schmerzhaften Blutvergießens. Man glaubte in früheren Zeiten, dass das gesammelte Menstruationsblut manchmal nicht austrat, sondern im Körper der Frau gerinnt und zu einem Kind heranwächst. Blut galt also als Ursprung unseres Lebens. Blut bedeutet aber auch, aus männlicher Sicht: Verwundung, Verletzung, Aggression und Krieg.

Das sind also die verschiedenen Seiten der Farbe Rot, der Farbe der Liebe. Liebe bedeutet einerseits Wärme, Geborgenheit, Heiligkeit, aber auch Leidenschaft, Aggression und Verwundbarkeit.

Blau

Blau ist die Farbe des Erfolgs und der Konzentration. Das erste Blau, das wir in unserem Leben sehen, ist das Blau des Himmels. Es symbolisiert einerseits unendliche Weite, Grenzenlosigkeit und andererseits, durch die gewölbte Form des Himmels, auch Geborgenheit und Sicherheit. Diese unendliche Weite, die uns gleichzeitig zu beschützen scheint, weckt bei uns Gefühle von Sentimentalität, von Vertrauen und Mystik, es verleitet auch zum Träumen.

Der mittlere Blauton – also etwas dunkler als Himmelblau, eher Preußisch- und Kobaltblau – vermittelt Klarheit, Rationalität und logisches Denken. Wille und Vernunft können unter dem Einfluss dieser Farbe optimal zusammenarbeiten. Blau ermöglicht uns, gleichzeitig mit Gefühl und Verstand zielsicher Entscheidungen zu treffen. Auf diese Weise ist der Grundstein für wahren Erfolg gelegt.

Gelb

Gelb ist die Symbolfarbe für Gesundheit, körperliches Wohlbefinden und für das Glück. Gelb ist die Farbe der Sonne und der Sterne. Viele Früchte, Gemüsearten und Blüten sind gelb. Gelb gilt auch als Farbe der Fülle – wobei man Gold als die exklusive Variation von Gelb sehen kann. Gelb ist das Licht und damit das Gegenteil von Dunkelheit.

Alle diese Beispiele für die Farbe Gelb zeigen uns, dass Gelb gleichbedeutend ist mit Helligkeit, Heiterkeit, Reife und Fülle. Deshalb wird Gelb gerne gegen Depressionen und Antriebsschwäche eingesetzt. Alles, was unser Gemüt wieder fröhlicher und befreiter stimmt, wirkt sich auch positiv auf unseren Körper und hilft bei der Heilung von Krankheiten.

Grün

Grün ist die Farbe des Geldes und der Materie. Die Natur, die Wiesen und Wälder, also die gesamte Vegetation der Erde ist grün. Grün ist die Farbe des Wachstums, des Werdens. Auch das Fruchtwasser einer werdenden Mutter schimmert grün. Aus dem Grün entsteht alles Materielle in der Natur, Grün bildet den Grundstock unserer Ernährung.

Der Blick in die grüne Natur wirkt gleichzeitig beruhigend und harmonisierend. Grün ist also sowohl die Farbe der Erde und der Materie als auch die Farbe der Harmonie und Ruhe. Geld ist ein materielles Gut, und wie man so schön sagt: »Geld allein macht zwar nicht glücklich, aber es beruhigt!«

Genauso wie wir angehalten sind, mit der Natur sorgsam und verantwortungsbewusst umzugehen, sollten wir das auch mit Geld und Materie tun. Das Geld, das wir mit guten und frohen Gedanken ausgeben, kommt genauso wieder zu uns zurück. Dies ist der immerwährende Kreislauf des Lebens.

Die materielle Komponente der Farbe Grün können Sie sich zunutze machen. Tragen Sie etwas Grünes, wenn Sie bei der Bank einen Kredit beantragen!

Orange

Orange ist die Farbe der Kreativität, des Gleichgewichts und der Zufriedenheit. Um es zunächst mit Goethe auszudrücken: »Da sich keine Farbe als stillstehend betrachten lässt, so kann man das Gelbe sehr leicht durch Verdichtung und Verdunklung ins Rötliche steigern und erheben. Die Farbe wächst an Energie und erscheint im Rotgelben mächtiger und herrlicher.«

Stellen Sie sich vor, Sie sitzen an einem schönen Sommerabend auf Ihrer Terrasse, die Arbeit des Tages ist getan, Sie sind satt, es ist noch wohlig warm, und ein gutes Glas Rotwein steht vor Ihnen auf dem Tisch. Der Abendhimmel leuchtet orange durch einen herrlichen Sonnenuntergang. Ist das nicht ein Bild der Vollkommenheit? Die Farbe Orange vermittelt ein fröhliches und zugleich entspanntes Lustgefühl. Romantische Postkarten beispielsweise sind immer in Orangetönen gehalten. In Indien, besonders in der Bhagwan-Bewegung, gilt Orange sogar als Erleuchtungsfarbe. Orange strahlt frohe Sorglosigkeit und Zuversicht aus.

Braun

Braun ist die Farbe der Trennung, des Loslassens, des Abschieds. Im Herbst, nach der Ernte, liegt die Erde nackt und braun vor unseren Augen. Wir fangen an, das Jahr zu verabschieden. Wenn wir sterben, werden wir in der braunen Erde beerdigt. Unsere Ausscheidungen sind ebenfalls braun. Also assoziieren wir mit der Farbe Braun immer etwas, was zu Ende geht, was uns verlässt. Doch genauso, wie die Erde im Frühjahr ihre braune Nacktheit verliert und wieder die schönsten Farben hervorbringt, genauso, wie der Kot als Dünger für das bessere Wachstum der Pflanzen nützt, entsteht aus jedem Abschied wieder ein neuer Anfang.

Alles, was beginnt, setzt einen Abschied voraus, und von allem Begonnenen müssen wir uns irgendwann verabschieden. Also ist die Trennung, auch der Tod letztendlich, nur eine Voraussetzung für einen Neubeginn und deshalb trotz allem ein Grund, positiv in die Zukunft zu sehen.

Bei Trennungsgesprächen empfiehlt sich eine Kombination aus Braun und Rosa – den Farben der Freundschaft. So kann die Trennung friedlich verlaufen.

Warum feiern wir eigentlich Rituale?

Rituale sind eine immer wiederkehrende Handlung, so wie das morgendliche Zähneputzen. Wir tun es, weil wir wissen, dass wir ohne dieses Ritual Mundgeruch und unsaubere Zähne hätten. Also haben wir bei diesem Ritual ein Ziel.

Wir wissen auch, dass wir den einen oder anderen Zahn verlieren können, wenn wir die rituelle Zahnpflege nicht pünktlich und regelmäßig ausführen.

So ähnlich könnte ich Ihnen vielleicht Rituale erklären, die einem bestimmten Zweck dienen, und um das zu erhalten, was uns lieb und wichtig ist.

Die Rituale, die ein bestimmtes Ziel verfolgen, sind so genannte Arbeitsrituale, und die Rituale, bei denen es uns um Erhaltung geht, sind so genannte Dank- und Ehrrituale.

Lassen Sie es sich so erklären: Sie haben einen Wunsch und damit ein Ziel!

Sie haben Ihr Ziel erreicht und wollen, dass es so bleibt! Sie möchten sowohl der Göttin als auch dem Gott, ganz in ihrem/seinem Aspekt, dafür danken. Die Rituale des Dankes und der Ehre werden zu den üblichen Jahresfesten gefeiert.

Der Wicca-Kult hat seine Wurzeln in vorchristlicher Zeit, etwa bei den Kelten und ihren Druiden. Er verehrt unsere Natur und Erde als Göttin und Gott.

Mit Hilfe von Ritualen kann es uns gelingen, Alltägliches bewusster zu erleben und sich daran zu erfreuen.

So begehen Sie ein Ritual

Sie haben einen Wunsch und somit ein Ziel. Dieses Arbeitsritual wird zu bestimmten Zeiten und Tagen, in einer festen Reihenfolge, meistens unter Anleitung einer erfahrenen Hexe bzw. Priesterin, zelebriert.

Hier möchte ich Ihnen ein paar grundlegende Richtlinien für ein gelungenes Ritual weitergeben:

◎ Zweck und Ziel des Rituals klar festlegen.

◎ Reihenfolge und Dauer des Rituals bestimmen.

◎ Alle notwendigen Utensilien vorher besorgen.

◎ Räumlichkeit oder Ort des Rituals säubern und vorbereiten, die Himmelsrichtungen ermitteln.

◎ Handlung und Tätigkeit der Novizinnen festlegen.

◎ Gebete und Gesang festlegen.

◎ Körperliche Reinigung, evtl. ein Apfelessigbad, und geistige Reinigung. Also nicht zu viel Kaffee und keinesfalls Tabletten.

◎ Den magischen Kreis ziehen durch die Priesterin.

◎ Jedes Element einzeln aufrufen durch die Priesterin.

◎ Durch die Priesterin Anrufung von Göttin und Gott.

◎ Konzentration aller Teilnehmer auf Göttin und Gott.

Mit Göttin und Gott sind Diana und Karnayna gemeint, die zwei bedeutenden Götter des Wicca-Kults.

Wenn Sie ein Fest feiern, bei dem auch ein Ritual durchgeführt wird, bitten Sie alle Teilnehmer, etwas dazu beizutragen.

- Empfang der lichtvollen Energien von Göttin und Gott.
- Dank oder Bitte darbringen durch die Priesterin.
- Andacht, Gebet und Gesang durch die Priesterin.
- Rituelle Handlungen durch die Novizinnen.
- Beschwörung durch die Priesterin.
- Knotenmagie oder sonstige magische Handlungen.
- Die Energien durch die Priesterin in den Kosmos geben.
- Erdung und Visualisierung aller Teilnehmer.
- Meditation und Andacht durch die Priesterin.
- Ehrung von Göttin und Gott durch die Priesterin.
- Weihung der Ritualutensilien und von Wein und Kuchen.
- Gelöbnis durch die Priesterin unter Hilfestellung einer Novizin.
- Wein und Kuchen an alle Teilnehmer reichen und im Namen von Göttin und Gott verzehren.
- Danksagung aller Teilnehmer.
- Segnung der Teilnehmer durch die Priesterin.
- Entlassung von Göttin und Gott durch die Priesterin.
- Entlassung der Elemente durch die Priesterin.
- Aufhebung des magischen Ritualkreises durch die Priesterin.
- Tanz, Gesang, fröhliches Beisammensein mit allen Teilnehmern.

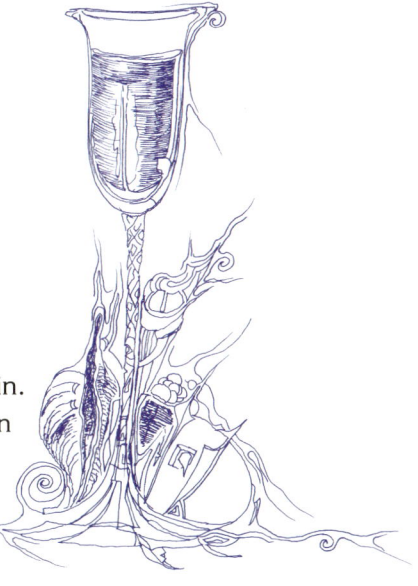

Die Richtlinien, liebe Leser und Freunde, sind in den meisten Traditionen die gleichen. Gehen Sie Ihre Rituale und Feste immer mit Leichtigkeit an, ohne sich selbst unter Druck zu setzen. Auch wenn Sie das eine oder andere vergessen haben, stressen Sie sich nicht, denn Göttin und Gott sind voller Liebe für uns, wenn wir ihnen die entsprechende Demut und Ehre erweisen.

Ein schönes Fest

Wenn Sie als Ritualleiterin zu einem der großen Feste einladen, möchte ich Ihnen an dieser Stelle ein paar Vorschläge unterbreiten, die Sie das Ritual einfacher und lebendiger gestalten lassen.

Stellen Sie als Erstes fest, wie viele Teilnehmer an Ihrem Fest teilnehmen. Beauftragen Sie einzelne Personen, selbst Blumen, Kerzen, Muscheln, Früchte mitzubringen, so sind auch Ihre Gäste aktiv an der Planung beteiligt, und Sie müssen nicht alles selbst besorgen. Beraten Sie zuvor gemeinsam, wer welche Aufgabe während des Rituals übernehmen soll: Wer reicht Hexenwein und Kuchen weiter? Wer schmückt den Altar? Damit sind Ihre Gäste aus der

Sie sollten grundsätzlich nur Rituale durchführen, zu denen Sie hundertprozentig stehen. Versuchen Sie ruhig einmal, Ihre eigenen Ideen in das Ritual einzubauen.

passiven Rolle herausgenommen und werden durch ihre Aufgabe sicherlich mehr Spaß haben. Ermutigen Sie Ihre Gäste, Ritualkleidung, Kopfschmuck aus Blumen oder Ähnlichem, Amulette und Talismane mitzubringen. Ich habe die Erfahrung gemacht, dass es den Teilnehmern sehr viel Spaß machen kann, da es für viele wie eine neue Rolle ist, in die sie schlüpfen können – wie eine Art Schauspiel, in dem man sein Bestes gibt.

Fragen Sie Ihre Gäste, wer ein Instrument spielt. Fordern Sie sie dazu auf, die Instrumente mitzubringen, denn Musik und Gesang sind ein wichtiger Bestandteil eines jeden Rituals. Trommeln und Gitarren sind mir persönlich am liebsten. Oft mussten wir uns mit einem CD-Player behelfen, dafür hatten wir aber auch besonders wirkungsvolle Anrufungs- und Ritualmusik während unserer Zeremonie. Entsprechende Musik können Sie in vielen guten Plattengeschäften erwerben. Ich selbst habe entsprechende Musik für Rituale aller Art getextet und aufgenommen, damit der Einstieg für Sie, liebe Leser, einfacher wird. Lassen Sie Ihre Gäste zur Musik mitsummen, das erhöht die Gruppenenergie. Musik kann uns in einen tranceähnlichen Zustand versetzen, der sehr wichtig ist für die Kontaktaufnahme zu Göttin und Gott.

Das Visualisieren erfordert etwas Übung. Seien Sie also nicht allzu enttäuscht, wenn es nicht gleich auf Anhieb klappt.

Innere Bilder beschwören

Ganz wichtig ist auch, dass Sie die Energien während eines Rituals nicht absinken lassen. Sprechen Sie Ihre Anrufungen laut, klar und deutlich. Sagen Sie Ihren Gästen vor Beginn Ihres Festes, dass sie während der Zeremonie ihrer Phantasie freien Lauf lassen sollen. Sagen Sie ihnen, wie wichtig Visualisieren ist. Stellen Sie sich Göttin und Gott vor Ihrem inneren Auge vor. Riechen Sie die Düfte während des Rituals. Bewegen Sie sich zusammen im Kreis. Nehmen Sie sich an den Händen, und lassen Sie die Energien fließen. Umkreisen Sie gemeinsam den Altar. Zum Ende Ihres Rituals vergessen Sie bitte niemals die Verabschiedung von Göttin und Gott sowie der vier Elemente. Lösen Sie dann den Kreis auf.

Wenn Sie sich an diese grundsätzlichen Regeln halten, kann Ihr Fest zu einem gelungenen Ritual für alle Beteiligten werden. Denken Sie daran: Gruppenfeste haben eine eigene Dynamik und bringen uns unseren Wünschen und Zielen näher.

Blessed be!

Das monatliche Ritual des Geistigen Circels

Der Geistige Circel ist eine Institution, ein von mir guten Sinnes gegründeter geistiger Verbund gleichgesinnter und füreinander bestimmter Menschen, die sich zu jeweils festen Zeiten telepathisch miteinander vereinen, um durch die gemeinsam entwickelte Gedankenkraft das Gute zu fördern und sich in den Kosmos einzuschwingen.

Jeder aufrichtig denkende und fühlende Mensch, der seine Kräfte erhöhen, erweitern oder verstärken möchte, sich in Not befindet, in der Dunkelheit umherirrt oder ganz einfach einsam oder verzweifelt ist, kann und sollte am Geistigen Circel teilhaben.

Der menschliche Geist kann vieles bewirken. Viele Gedankenkräfte – wenn sie auf einen Punkt konzentriert sind – können das Universum beeinflussen. Das wussten schon die Alten – und wir wissen es auch.

Die Teilnahme am Geistigen Circel bedarf keinerlei Vorkenntnisse, keiner intensiven Schulung, ja nicht einmal des Wissens, was der Geistige Circel eigentlich bedeutet. Gefragt, gefordert, erhofft ist nur gläubiges Vertrauen in die Kraft der Gedanken und der Seele, eben Mut zu sich selbst.

Jedermann ist beim Geistigen Circel willkommen – jedermann, der an sich und seine guten Kräfte glaubt. Langsam und im Laufe der

Untrügliche Intuition und magische Fähigkeiten sind jedem von uns gegeben, sie müssen nur geweckt werden.

Sammeln Sie die ganze Kraft Ihrer Gedanken, und konzentrieren Sie sich auf Dinge, die Ihnen wichtig sind.

155

Der Geistige Circel hat zum Ziel, Menschen auf der ganzen Welt in Liebe zu vereinen.

Der Geistige Circel ist eine religionenübergreifende Gemeinschaft. Weder Glaubensrichtung noch Geschlecht noch Nationalität zählen.

Zeit spielt es auch keine Rolle mehr, ob man sich an die festen, angegebenen Zeiten hält. Dann genügt einfach der Gedanke an den Geistigen Circel, an das Einfinden in den Kreis der Gleichgesinnten, die ihre positive Kraft in den Kosmos aussenden – und sie von dort in gleichem Maße wieder in sich aufnehmen. Dies bedarf intensiven telepathischen Trainings. Darum empfehle ich Ihnen, sich vorerst an die angegebenen Zeiten zu halten.

Positiv denken

Die einzige Voraussetzung für die Teilnahme am Geistigen Circel ist eine grundsätzlich positive Einstellung zu allen Dingen im Leben. Wer nicht fähig ist zu staunen und nicht bereit, das Verborgene hinter der Wirklichkeit zu ahnen, wird sich wohl vergeblich bemühen. Was eine Teilnahme, ein aktives Mitmachen oder einen Versuch, es einmal auszuprobieren, nicht ausschließen soll.

Alle Menschen, die sich geistig entwickeln oder geistig-seelischen Kontakt miteinander aufnehmen wollen, die die Natur lieben, Achtung vor der Schöpfung und ihren unendlichen Wundern haben, sind zu meinem Geistigen Circel jederzeit herzlich eingeladen.

Der Geistige Circel findet ab sofort, monatlich, immer am ersten Montag eines Monats, dem Tag der Mondin, zur Mondstunde statt. Besonders geeignet ist hierfür die Mond-Abendstunde von 20 bis 21 Uhr (während der Sommerzeit eine Stunde später).

Vorbereitungen auf das Ritual des Geistigen Circels

Am betreffenden Abend ziehen Sie sich in einen ruhigen Raum zurück, zünden eine weiße, eine gelbe und eine blaue Kerze an, vielleicht auch eine Duftlampe mit Eisenkraut (Verbena), stellen Lärmquellen wie Türklingel und Telefon ab und konzentrieren sich ganz auf sich selbst, auf Fragen, die Sie gern beantwortet haben möchten, auf Probleme, die noch zu lösen sind, oder auf die vor Ihnen liegende Stunde.

Stellen Sie sich bei geschlossenen Augen vor, wie viele Tausende von Menschen sich zu dieser Stunde geistig und seelisch öffnen, miteinander vereint und von kosmischen Kräften umgeben und durchdrungen sind.

Eröffnen Sie den Geistigen Circel für sich mit den halbblaut gesprochenen Worten:

Ich trete ein in den Geistigen Circel
und verbinde meine Seele, meinen Geist
und mich selbst mit allen Schwestern, Brüdern und
Menschen, die guten Willens sind und ihre Herzen
miteinander in Liebe vereinen möchten.
Seid willkommen, meine Freunde,
und nehmt mich alle freudig und liebevoll bei euch auf.

Gut ist es, wenn Sie sich hinlegen, Arme und Beine weit auseinander, wie ein Pentagramm, lockere Kleidung tragen, tief ein- und ausatmen, alle Gedanken loslassen und dabei visualisieren, wie sich alle Menschen an den Händen fassen und wie große Kraft Sie durchströmt. Sie »senden« Ihre Sorgen aus, Ihre Nöte, geben aber auch Freude und liebevolle Hinwendung in den Geistigen Circel hinein. Sie geben, nehmen aber auch an. Von diesem Austausch lebt die geistige Gemeinschaft.

Wenn Sie zum ersten Mal am Geistigen Circel teilnehmen, der über einen Zeitraum von einer Stunde aufrechterhalten wird, sollten Sie sich zunächst auf zwanzig Minuten beschränken. Sie können es aber auch bei zehn Minuten belassen. Wie lange Sie mitmachen wollen, hängt ganz allein von Ihrer momentanen psychischen Verfassung ab. Brechen Sie die Verbindung auf jeden Fall ab, wenn Sie sich unwohl fühlen.

Das Pentagramm symbolisiert die vier Elemente der Erde, und die nach oben reichende Spitze stellt den Kontakt zu den himmlischen Kräften dar.

Sollten Sie während des Geistigen Circels aus der Entspannung herausgerissen werden, versuchen Sie, sich noch einmal in den gemeinsamen Gedankenstrom zu begeben. Ist dies nicht mehr möglich, warten Sie einfach auf den nächsten Geistigen Circel.

Nach der geistig-telepathischen Vereinigung im Geistigen Circel bleiben Sie noch einige Minuten entspannt liegen, dann erst erheben Sie sich. Es kann sein, dass vor Ihrem geistigen Auge Bilder, Situationen und Geschehnisse auftauchen. Grübeln Sie darüber nicht zu sehr nach. Lassen Sie alles, was Ihnen begegnet, zunächst einmal so stehen, wie es sich dargestellt hat. Im Laufe der Zeit werden Sie besser damit umgehen können. Es wird Ihnen dann auch keine Mühe mehr bereiten, die Bilder, Symbole oder Botschaften zu deuten, die Sie während des Geistigen Circels empfangen haben.

Verbunden mit Gleichgesinnten

Amulette, Steine und Talismane sind wichtige Werkzeuge, um Veränderungen in Ihrem Leben zu erreichen. Sie funktionieren, indem man sie mit magischer Kraft auflädt.

Der Geistige Circel findet zwar während einer »kosmischen Kernzeit« statt, was Sie aber nicht daran hindern sollte, jederzeit, wenn Ihnen danach zumute ist, in diesen auch außerhalb der angegebenen Zeiten einzutauchen. Es wird Ihre Seele stärken, wenn Sie immer und jederzeit geistigen Kontakt mit Ihnen gleichgesinnten Mitmenschen aufnehmen können. Wenn Sie Ihren Geist auf die genannte Ebene wandern lassen, werden Sie Erfahrungen austauschen, sich gegenseitig Mut machen, einander Liebe und Freundschaft schenken können. Mit Hilfe des Geistigen Circels können Sie spirituelle Freundschaften mit Menschen entwickeln, denen Sie niemals von Angesicht zu Angesicht begegnet sind. Intuitiv spüren Sie, was der andere gerade braucht, und können ihm etwas von Ihrer Kraft zufließen lassen. Das Gleiche gilt natürlich auch in umgekehrter Richtung.

Gabrielé und ich freuen uns auf Sie und heißen Sie in Licht und Liebe im Geistigen Circel willkommen!

Für Freunde des Geistigen Circels habe ich ein Erkennungszeichen entworfen, das gleichzeitig als Talisman benutzt werden kann. (Sie können es in Silber, vergoldet oder Gold über »hexenhaus.net«, siehe S. 164, beziehen.) Der Talisman ist aufgeladen mit positiver Energie und erfüllt von den Schwingungen all der Menschen, die sich im Geistigen Circel zusammengefunden haben. Wenn Sie einmal auf der Straße einen Menschen treffen, der wie Sie das Symbol des Geistigen Circels trägt, wissen Sie genau: Hier ist ein Gleichgesinnter, jemand, mit dem Sie sprechen können, ohne ihn persönlich zu kennen. Denn Sie verfolgen die gleichen Ziele und wollen gemeinsam daran arbeiten, dass diese Welt schöner und lebenswerter wird. Auch für unsere Kinder!

Anmerkung:

Liebe Leser, liebe Freunde,
ich erhalte durch Ihre Zuschriften immer wiederkehrende Fragen: Wie werde ich eine Hexe? Oder: Ich fühle etwas in mir, bin mir aber nicht sicher, was ich damit anfangen soll! Ich habe so merkwürdige Träume. Oder: Ich habe das Gefühl, irgendwann schon einmal gelebt zu haben. Wie kann ich Kartenlegen lernen? Wie kann ich pendeln? Oder auch nur die einfache Frage: Wo geht mein Weg hin, was ist meine Berufung?
Wegen all dieser Fragen haben mein Team und ich uns entschlossen, ab September 2002 Kurse, Seminare, Workshops und Vorträge abzuhalten. Wir werden mit unserem ersten Kurs unter dem Motto »Find Your Spirit« beginnen, der in verschiedenen Teilen wiederholt wird. Nähere Informationen unter der Telefonnummer: 0 80 22/66 40 64. Wenn Sie sich also angesprochen fühlen und gerne an unseren Kursen teilnehmen möchten, so rufen Sie uns an!
Sie können auch mehr Informationen auf unserer Homepage, www.hexenhaus.net, erhalten.

Ihr Hexenhaus-Team,
Thea, Gabrielé, Tine, Desiderius

Theas Lebensziel ist es, allen Hilfe suchenden Menschen mit Rat und Tat zur Seite zu stehen. Sie gibt ihr Wissen an interessierte Schüler weiter.

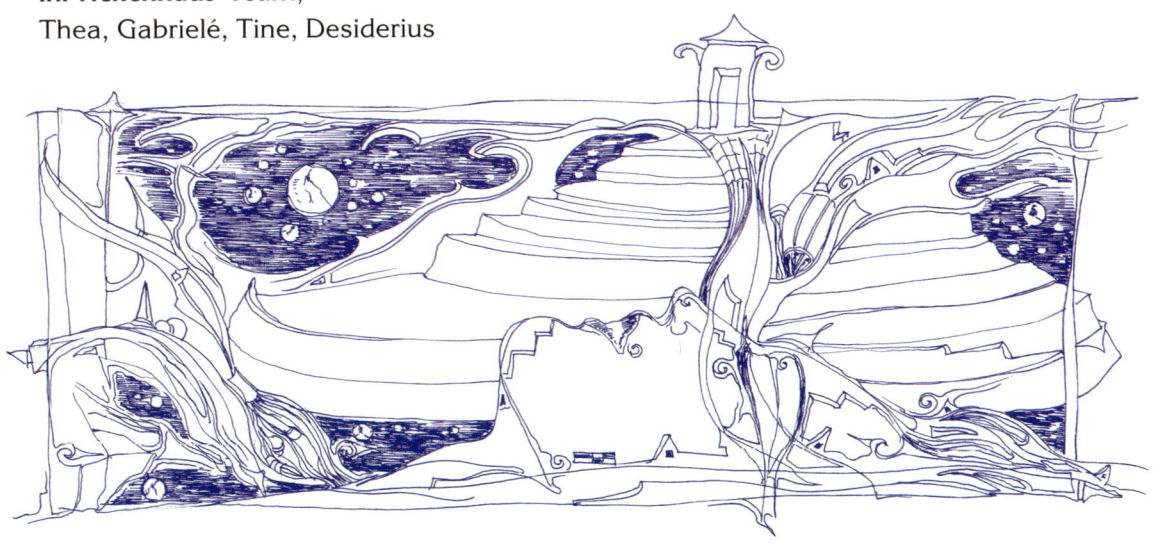

Schlusswort

Liebe Leser, liebe Freunde,

die moderne Bewegung der Hexen und ihrer Tradition ist in der Zwischenzeit eine unumstößliche Tatsache. Wir finden sie mittlerweile auf der ganzen Welt, größtenteils in Amerika und Europa. Ich persönlich bin sehr froh, dass wir nun mehr und mehr Anerkennung finden und nicht mehr dazu gezwungen sind, im Untergrund zu wirken. Ich möchte Ihnen Mut machen, es mir gleichzutun. Trauen Sie sich, stehen Sie zu Ihren Gefühlen und Intuitionen. Wir sind keine Dummköpfe, die murmelnd wirre Zaubersprüche von sich geben. Nein, wir sind aufgeschlossene, moderne Frauen, die sich vom alten Geist inspirieren lassen. Wir setzen unsere Kräfte und unser Wissen helfend als Wegbegleiterinnen ein, für all diejenigen, die vor lauter Wald nicht mehr den einzelnen Baum sehen. Wir brauchen neue Ziele, wir brauchen den Glauben an die Liebe und des immerwährenden Lebens. All die weisen Frauen, Magier und Hexen unter Ihnen sollten sich zusammenschließen und eine positive Gemeinschaft bilden, zum höchsten Wohle aller. Trennen Sie die Guten von den Schlechten, damit das Böse, das Rücksichtslose, das Negative nicht die Oberhand erhält.

Es ist an der Zeit, dass wir das Wesen einer Hexe neu definieren, indem wir uns auf ihre wahre Aufgabe – eine weise Frau zu sein – besinnen. Damit sind nicht nur einige wenige eigens dazu auserkorene Frauen gemeint, sondern alle Frauen. Das Urwissen und die Urkräfte schlummern in uns allen, Frauen und Männern – sie müssen lediglich erweckt werden.

Bei der sorgfältigen Ausübung der Rituale wird jede Frau und jeder Mann spüren, welche ungeahnten Kräfte in ihr oder ihm zum Leben erwachen. Doch die wichtigsten Zutaten für die in diesem Buch beschriebenen Rituale und Feste sollte jeder Mensch in sich haben: nämlich einen starken Willen, auch einen ausgeprägten Gerechtigkeitssinn und vor allem, das ist das Wichtigste, sehr viel selbstlose Liebe, denn ohne diese positive Energie kann und wird Ihnen nichts gelingen.

Ich selbst bin eine Wicca-Priesterin. Wicca ist eine Naturreligion und in Amerika und England besonders verbreitet. Diese Tradition

Das magische Wissen der weisen Frauen wird seit Jahrhunderten von Generation zu Generation weitergegeben.

Glauben Sie an das Positive, und lassen Sie Ihre Kraft leuchten wie das Licht eines anbrechenden Tages.

Das zentrale Anliegen auf dem Weg zur Magie ist der Glaube – der Glaube an die eigenen intuitiven Fähigkeiten und daran, sie zum Wohle der Menschen einsetzen zu können.

ehrt die große Göttin Diana und den großen Gott Karnayna. Die Wurzeln des Wicca-Kults lassen sich bei den Druiden, Kelten und Schamanen finden. Wir ehren die Natur und jedes Lebewesen. Sie werden sehen, der Umgang mit Pflanzen, Tieren, Geistern, Kobolden, Elfen und Göttinnen und Göttern wird Ihnen völlig neue Bewusstseinsebenen eröffnen.

Tue, was du willst, aber schade niemandem. Toleranz, Liebe, Glaube und Respekt vor jedem Lebewesen ist das Ziel! Das, liebe Leser und liebe Freunde, ist unser oberstes Gebot, und würden sich alle daran halten, hätten wir eine viel herzlichere Welt, die nicht von Kriegen und Intoleranz übersät ist. Trauen Sie sich, egal in welcher Tradition Sie sich zu Hause fühlen, denn das ist für Ihr Ergebnis nicht entscheidend. Feiern Sie Feste und Rituale gemeinsam, so erreichen Sie viele Menschen, und wer weiß, vielleicht begegnen wir uns ja eines Tages da draußen in der freien Natur mit anderen gleichgesinnten Menschen und haben dadurch die Möglichkeit, noch mehr positive Energien für viele Lebewesen freizusetzen! Ist das nicht ein schöner Gedanke?

Möge die Göttin Diana für Sie sorgen!
Möge der Gott Karnayna Sie leiten auch morgen!
Sella!

Danksagung

Mein besonderer Dank gilt dieses Mal den Großen Göttinnen und Göttern, die mich, meine Familie, Freunde, Menschen, die Hilfe suchen, immer wieder voller Liebe und im Licht durch den Jahreskreislauf begleiten. Besonderen Dank an meine Familie. Mein Dank gilt auch dir, liebe Gabrielé, du bist ein wunderbarer »Zauberlehrling«, und dir, liebe Susanne Görke. Ihr seid beide immer wieder inspirierend und voller Vertrauen in das Gute. Danke dir, liebe Tine, für deine langjährige und ehrliche Freundschaft. Danke an dich, liebe Doris, für deinen Beistand und deine Freundschaft. Danke an alle meine Freunde, Leserinnen und Leser, die mir Vertrauen schenken. Mein Dankeschön auch an all diejenigen, die an mich glauben, mich unterstützen und fördern. Danke an meinen geistigen Führer und Helfer. Danke meinen Lehrern! Danke, Jupi! Dankeschön dir, lieber Art, Gesundheit soll dich begleiten!

Ich vertraue auf und glaube an eine bessere, glückliche und liebevolle Zukunft im Licht für uns alle!

Sella!

Bemühen Sie sich um eine positive Haltung sich selbst und Ihren Mitmenschen gegenüber, und vergewissern Sie sich, dass Sie mit Ihrer Magie keinen Schaden anrichten!

Aus Theas Leben

Schon Theas Vorfahren waren größtenteils außergewöhnlich spirituelle Menschen, und seit jeher wird in ihrer Familie magisches Wissen in Form der »alten Weisheiten« weitergegeben. Seit einem einschneidenden Erlebnis in jungen Jahren beschäftigt sich Thea intensiv mit der Thematik des »ganzheitlichen Denkens«. Sie begann, die Zukunft für ihre Freunde aus den Tarotkarten zu lesen. Prognosen, die zu mehr als 80 Prozent eintrafen, bestärkten sie in dem Gefühl, dass sie dazu berufen ist, anderen Menschen auf diesem Weg zu helfen. Es folgte eine mehrjährige Ausbildung in der Schweiz, Amerika und Deutschland. Sie ist seit dieser Zeit eine initiierte Wicca-Priesterin. Thea beherrscht die Symbolik der Göttlichen Magie und der Kabbala, das Kartenlegen, die Trancerückführung sowie Astrologie. Aufgrund dieser Fähigkeiten haben schon viele Menschen in allen möglichen Lebenssituationen Theas Hilfe in Anspruch genommen. Thea praktiziert ausschließlich weiße Magie und bezieht ihre Kraft und Intuition aus den Wurzeln unseres europäisch-keltischen Kulturgutes und dem Wicca-Kult.

Die CDs »Year Of The Wicca« (Lynx Music 1999), »Luna« (Lynx Music 1998) und »Magic Love« (Lynx Music 2001) sind erhältlich bei Aquarius c/o Silenzio Media Group GmbH, Hainbrunnerstraße 8, 91301 Forchheim.

Bezugsquelle für magische Produkte:
Hexenhaus.net Versand
Stettener Hauptstraße 66,
D-70771 Leinfelden-Echterdingen,
Telefon 07 11/22 04 74 8,
Telefax 07 11/22 04 75 5,
E-Mail: shopmaster@hexenhaus.net

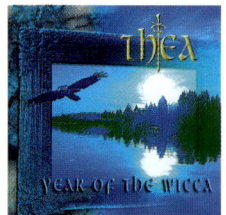

Kontakt zu Thea:
Hexenhaus.net, Postfach 13 72,
85563 Grafing
Beratungszeiten: montags bis freitags,
zwischen 14 und 18.30 Uhr
unter Telefon 0 80 92/85 49 47
E-Mail: thea@hexenhaus.net

Besuchen Sie uns auch im Internet unter http://www.hexenhaus.net mit Chatbereich, Forum, Onlineshop und vielen weiteren Informationen zum Themenbereich »Hexenwissen«. Unser Onlineteam, Desiderius und Gabrielé, hilft Ihnen gern weiter!

164

Literaturhinweise

Thea – Kochbuch für Hexen, Ludwig Verlag, München 1999

Thea – Hexenwissen, Ludwig Verlag, München 2000

Thea – Liebeshexereien, Ludwig Verlag, München 2001

Thea – Hexen-Kräuterbuch, Ludwig Verlag, München 2001

Thea – Hexenrat von A–Z, Ludwig Verlag, München 2002

Bildnachweis

AKG, Berlin: 34, 92 (Erich Lessing), 59 (John Hios), 19; Astrofoto, Sörth: Titel (Kohlhauf); Bridgeman Art Library, London: 37, 49, 57, 74, 138; Gettyimages, München: 7 (Dale Durfee), 144 (Dewitt Jones), 155 (A&L Sinibaldi); IFA-Bilderteam, München: 2 (Ch. Walsh), 12, 76, 129 (I.P.S.), 14 (Vision), 17 (Peter Grüner), 20 (Jacobi), 27 (Becker), 32 (Schmitz), 55 (R. Maier), 60 (Lederer), 68, 80 (International Stock), 85 (Volker Rauch), 94 (Bernhard Volmer), 104 (IT/TPL), 131 (I.D.S.); jump, Hamburg: 29 (K. Vey); Mauritius, Mittenwald: 50 (AGE); Photonica, Hambueg: 30 (Takashi Amano); Premium, Düsseldorf: 10, 107 (Radelt), 18 (Panther), 23 (Y. Niwa/Mon Tresor), 38, 83 (Orion Press), 42 (Botzek), 44 (Maywald), 86 (Kunst&Scheidulin), 89 (Photex), 119 (Sekai Bunka), 123, 132 (Jämsen), 137 (Rauschenbach), 143 (Panoramic Images), 162 (First Light); Südwest Verlag, München: 103, 112 (M. Holz), 114, 117, 152 (S. Sperl), 134 (S. Kracke); Transglobe, Hamburg: 141 (Chad Ehlers); Visum, Hamburg: 160 (M. Wolf); Zefa, Düsseldorf: 8 (Masterfile), 24 (Pete Leonard), 52 (O. Graf), 63 (Gerth), 71 (Reinhard), 79 (F. Bauer), 97 (Nikos), 101 (K+H Benser), 120 (W. H. Müller), 145 (Kalt), 151 (Heuvel), 156 (B. Frymire)

Alle Illustrationen stammen von Beate Brömse, München.

Hinweis

Das vorliegende Buch ist sorgfältig erarbeitet worden. Dennoch erfolgen alle Angaben ohne Gewähr. Weder Autorin noch Verlag können für evtl.e Schäden, die aus den im Buch gemachten Hinweisen resultieren, eine Haftung übernehmen.

Impressum

Der W. Ludwig Buchverlag ist ein Unternehmen der Econ Ullstein List Verlag GmbH & Co. KG, München

© 2002 Econ Ullstein List Verlag GmbH & Co. KG, München

Alle Rechte vorbehalten. Nachdruck – auch auszugsweise – nur mit Genehmigung des Verlags.

Redaktion
Margit Brand,
Thomas Schulz

Projektleitung
Karin Stuhldreier

Bildredaktion
Gabriele Feld

Umschlag
Hilden Grafik Design,
München

DTP/Satz
Mihriye Yücel

Produktion
Manfred Metzger,
Annette Aatz

Gedruckt auf chlor- und säurearmem Papier

Druck und Bindung
Westermann Druck,
Zwickau

ISBN 3-7787-5030-5

Register